Auf den mexikanischen Highlands

mit einem flüchtigen Blick auf Kuba

William Seymour Edwards

Writat

Diese Ausgabe erschien im Jahr 2023

ISBN: 9789359251110

Herausgegeben von
Writat
E-Mail: info@writat.com

Inhalt

VORWORT

Diese Seiten enthalten die Eindrücke eines Gelegenheitsreisenden – ein paar Briefe an meine Freunde.

Im gemäßigten Hochland von Mexiko, eine Meile und mehr über dem Meer, war ich erstaunt und erfreut über das gesunde Klima, die Fruchtbarkeit des Bodens, die Üppigkeit von Bäumen und Pflanzen, die Pracht und Schönheit der Städte, die Intelligenz und Fortschrittlichkeit des Volkes, die Ordnung und Wohltätigkeit der Regierung.

In Kuba entdeckte ich das neugeborene Gefühl für Freiheit und Ordnung und kam gleichzeitig seltsamerweise mit widerspenstigen Führern in Kontakt, die schon damals kühn die Absicht verkündeten, diese Freiheit und Ordnung durch eine finstere Revolution zu verschwören und zu zerstören, falls ihre wilden Geister sie finden sollten Es gab keine andere Möglichkeit, das Kommando zu übernehmen und zu behalten.

Sollte unter diesen Briefen etwas sein, das den Leser interessiert, werde ich einen weiteren in dem kleinen Kreis willkommen heißen, für dessen Lektüre sie ursprünglich verfasst wurden.

William Seymour Edwards.

Charleston-Kanawha, West Virginia,

1. November 1906.

I
Flugimpressionen zwischen Charleston-Kanawha und New Orleans

NEW ORLEANS, LOUISIANA,

15. November.

Als der New York and Cincinnati Flyer (der „FFV Limited") gestern in Charleston ankam, hatte er eine Stunde Verspätung und eine ganze Menschenmenge wartete darauf, an Bord zu kommen. Bis nach Kenova begleiteten mich D, H und acht oder zehn „der Jungs". Sie trugen alle Winchester und machten sich auf den Weg in die Berge von Mingo und McDowell an der Kentucky-Linie, um eine Destille zu erbeuten, die Berichten zufolge ein gutes Geschäft machte und an die Minen verkauft wurde. D wollte, dass ich mitkomme und bot mir je nach Wunsch ein Gewehr oder eine Schrotflinte an. Sie sind allesamt große Männer und lieben den Kampf, was das Hin und Her des Todes bedeutet, und haben keine Angst außer vor einem Hinterhalt. Ich trage immer noch die Flachkopfkugel in meiner Tasche, die D vor zwei Jahren aus dem Gewehr von Johnse Hatfield abgeschossen hat, als er ihn dabei erwischte, wie er hinter einem Felsen auf der Lauer lag und nach Doc Ausschau hielt. Ellis kommt aus seiner Haustür. Johnse wurde später in Pikeville wegen anderer Verbrechen gehängt. Dann, ein paar Monate später, schnappte sich sein Bruder „Lias", nur um sich zu rächen, Doc. Ellis, als er aus einem Pullman-Auto stieg. Jetzt soll „Lias" auch nach D suchen, aber D meint, dass er genauso gut mit der Waffe umgehen kann wie „Lias", wenn er nur eine faire Show abliefern könnte. D ist Kapitän dieser Razzia und verspricht, mir Zeichen für einen erfolgreichen Fang zu bringen, aber ich fürchte, dass er oder ein anderer der „Jungs" eines Tages nicht nach Charleston zurückkehren wird.

In Ashland wurde mein Louisville-Wagen an den Lexington-Zug angeschlossen, und wir bogen nach links die lange Steigung hinauf und tauchten bald in das Hügelland im Osten von Kentucky ein. Hier ist ein raues, raues Land, ein karger, gelber Boden, darunter kilometerlange Wälder, aus denen das große Holz längst gefällt wurde. Hier und da gibt es auf kleinen Lichtungen Blockhütten, Schuppenscheunen und Erde, die immer ebenso schlechte Ernten hervorbringen muss wie die Männer, die sie bestellen. Wir durchquerten das Land der Vendetten. An den kleinen Stationen versammelten sich lange, hagere, kantige Männer, nicht selten mit einem Gewehr oder einer Winchester-Schrotflinte in ihren knochigen Händen. Erst vor zwei oder drei Jahren wurde einer dieser Personenzüge von einer mit Gewehren bewaffneten Bande „aufgehalten", die den gesuchten Mann am

Ende des Rauchers kauerte und ihn sofort erschoss und dort – aber nicht bevor er zwei oder drei der Attentäter getötet hatte.

Ich war in den rauchenden Wagen eingestiegen, denn in den Tageskutschen trifft man auf Reisen auf die Menschen vom Land. Ich hatte mich neben einen großen, weißhaarigen alten Mann gesetzt, der schweigend einen Stogie rauchte, wie er von den örtlichen Tabakbauern dieses Hügellandes hergestellt wird. Er hatte die Ausstrahlung eines bedeutenden Mannes. Er trug selbstgesponnene Jeans und den üblichen Schlapphut aus Filz. Er hatte ein starkes, gebieterisches Gesicht, ein breites, eckiges Kinn und ein blaues Auge, das Freundlichkeit verriet und dennoch eine unerbittliche Strenge andeutete. Ich nannte ihm meinen Namen und erzählte ihm, wo ich wohnte und wohin ich wollte, wobei ich mich vorstellte, wie man es immer tun muss, wenn man mit diesen Bergbewohnern spricht. Er sei Republikaner wie ich, sagte er, und sei mehrmals Sheriff seines Bezirks gewesen; aber das war vor vielen Jahren und er erklärte sich jetzt zu einem „Mann des Friedens". Wir sprachen über die Vendetten und er erzählte mir von einigen dieser Tragödien. Als ich es wagte, ihn zu fragen, ob er selbst jemals „Probleme" gehabt habe, antwortete er: „Nein, nicht aus gutem Grund." und dann zog er langsam eine kleine Wildledertasche aus seiner Hosentasche und wickelte den Lederriemen ab, mit dem sie festgebunden war. Nachdem er es geöffnet hatte, nahm er drei unförmige Bleistücke heraus, reichte sie mir und bemerkte: „Vor vielen Jahren habe ich diese Bleistücke und vier weitere derselben Art aus meinem H'yar-Bein herausgeschnitten „, schlug seine Hand auf seinen rechten Oberschenkel. „Aber wo sind die anderen vier?" Ich habe nachgefragt. Für einen Moment weiteten sich seine blauen Augen und glitzerten, als er antwortete: „Ich habe sie schon zu Kugeln eingeschmolzen und sie dorthin zurückgeschickt, wo sie herkommen." „Hast du ihn getötet?" Ich fragte. Die eckigen Kiefer weiteten sich grimmig und er sagte: „Wall, ich sage nicht, dass ich ihn getötet habe, aber man hat ihn bis dahin noch nicht gesehen." Ich bot ihm eine meiner besten Zigarren an und wandte mich dem Thema der Pferde von Kentucky zu. Er würde, sagte er, nach Lexington fahren, um in der kommenden Woche an den Pferdeverkäufen teilzunehmen, und er bat mich, „mit ihm loszugehen", denn er war sich sicher, dass ich dort „ein Biest finden" würde, das ich gerne besitzen würde. Ich habe versprochen, ihn eines Tages zu besuchen, wenn ich zurückkomme, und er hat zugesagt, mich mit der ganzen Gastfreundschaft zu empfangen, für die Kentucky-Bergsteiger und Blue-Gras-Herren berühmt sind.

Als wir die Hügelregion hinter uns gelassen hatten, rollten wir weiter in ein Land mit besserem Boden, mehr allgemein gerodetem Land und viel Gras. Es war der berühmte Blue Grass-Bereich von Kentucky, und bei Einbruch der Dunkelheit waren wir in Lexington. Von der bekannten Stadt konnte ich nur funkelnde Lichter sehen. Die Leute, die sich am Bahnsteig aufhielten, waren gut gekleidet und schienen wohlgenährt zu sein, und eine Reihe großer Männer kletterten an Bord.

BLOCKHÜTTE DES KENTUCKY MOUNTAINEER

Wir kamen mit einer halben Stunde Verspätung in Louisville an. Das war ein Glück, denn wir mussten nur eine Stunde auf den Zug über Paducah nach Memphis warten. Zwei Damen, die hinter mir saßen, als ich in Charleston in den Wagen einstieg, standen neben mir, als ich mir im Memphis-Schlafwagen mein Ticket sicherte und den Abschnitt neben mir nahm. Es war meine Absicht gewesen, in Memphis umzusteigen, die Yazoo Valley Railway zu nehmen und über Vicksburg zu fahren, in der Hoffnung, etwas vom Mississippi sehen zu können; Aber am Morgen traf ich einen jungen Ingenieur der Illinois Central Railroad, der mir erzählte, dass diese Strecke eine sehr schlechte Gleise habe, die Waggons schlecht seien, die Züge langsam, während die Strecke selbst zehn oder zwölf Meilen vom Fluss entfernt liege dass ich es nie sehen sollte; Deshalb beschloss ich, bei dem durchgehenden Schnellzug zu bleiben, mit dem ich angefangen hatte, und auf dem direkten Weg durch das Zentrum von Mississippi weiter nach New Orleans zu fahren.

Als ich aufwachte, rasten wir südwärts durch das weite, flache Land im Westen von Tennessee. Wir fuhren durch Hektar voller Maisstängel, von denen die Rauheit (die Blätter des Mais) und die Ähren gepflückt worden waren, durch weite Strecken von Tabakstümpfen und hier und da rollten wir an einem Feld vorbei, das weiß von Baumwolle war.

Im Toilettenraum des Schläfers befand ich mich allein mit einem riesigen Pflanzer mit schwarzem Bart und Lockenkopf, der abwechselnd einen Schluck aus einer riesigen Silberflasche nahm und den Gouverneur von Indiana heftig anprangerte, weil er sich geweigert hatte, Ex-Gouverneur Taylor auszuliefern die Myrmidonen des Kentucky-Rechts, dort von einer vollbesetzten Jury wegen der Ermordung von Gouverneur Goebel angeklagt zu werden. Schließlich fühlte ich mich nicht in der Lage, länger zu schweigen, und sagte ihm, dass ich die Gerechtigkeit seiner Position nicht sehe, und erinnerte ihn daran, dass die Gouverneure der Nachbarstaaten West Virginia, Ohio und Illinois öffentlich ihre Zustimmung zum Gouverneur von Indiana zum Ausdruck gebracht hatten und ihre Missbilligung der damals in Kentucky vorherrschenden politischen Methoden. Er blickte mich fest und überrascht an, dann streckte er mir seine Flasche entgegen und bat mich, mit ihm etwas zu trinken. Danach sagte er nichts mehr zur Politik, sondern sprach eine halbe Stunde lang über die Tabak- und Baumwollernten im Westen von Tennessee.

Wir kamen gegen zehn Uhr morgens in Memphis an und machten dort einige Zeit Halt. Im großen und schmutzigen Bahnhof fühlte ich mich bereits in einem anderen Land als West Virginia.

Das Wenige, was ich davon sah, schien Memphis eine heruntergekommene, schäbige Stadt mit breiten, staubigen Straßen und vielen weitläufigen, heruntergekommenen Gebäuden zu sein. Die Menschen hatten das rosige, herzhafte Aussehen des blauen Graslandes verloren und waren blass und fahl, während die ebenholzfarbenen Neger überall immer zahlreicher wurden. Wir gelangten vom Breitengrad der Mulatten zum Breitengrad der Tiefschwarzen, der reinblütigen Afrikaner.

BAUMWOLLE PFLÜCKEN – MISSISSIPPI

Wir verließen Memphis und wandten uns nach Südosten und dann genau nach Süden, durch die zentralen Teile des Bundesstaates Mississippi. Hier erstreckt sich ein flaches Land mit dünnem, gelbem Boden aus Mais und Baumwolle. Überall waren Scharen von Negern, alle schwarz wie die Nacht. Negerfrauen und -kinder pflückten Baumwolle auf den Feldern. Es gab weite Strecken scheinbar verlassenen Landes, das einst kultiviert wurde, von dem ein großer Teil jetzt im Unterholz wuchs und der größtenteils weiß war mit reifen Baumwollsämlingen. Vielerorts sammelten die Schwarzen diese Baumwolle, offenbar für sich selbst. In großen Abständen gab es ein paar kleine Städte. Überall stapelten sich auf den Bahnsteigen Baumwollballen; im Allgemeinen die großen, altmodischen Ballen, gelegentlich die kleinen Ballen, die mit der modernen Kompresse hergestellt werden. Dies ist die Schifffahrtssaison, und wir kamen häufig an Teams von vier oder sechs Maultieren vorbei, die große, mit Baumwollballen beladene Wagen zu den Bahnhöfen schleppten. Wir durchquerten große Wälder langblättriger gelber Kiefern, durchsetzt mit viel Pappel und Magnolie, während die Blätter des Sumach mit leuchtendem Rot die Abgrenzungen der Lichtungen und Felder markierten. Der Tag war trüb und bewölkt und eine Kühle lag in der Luft.

Die beiden Reisenden saßen den ganzen Tag mit heruntergelassenen Vorhängen und ließen nie ihre Bücher liegen. Die Landschaft und das Leben in Mississippi interessierten sie nicht.

Am späten Nachmittag fuhren wir durch Jackson, die Hauptstadt von Mississippi, und konnten in der Ferne die aufragenden Mauern des neuen Statehouse sehen, bei dem es sich um ein weißes Steingebäude mit einigen Ansprüchen handelte. Hier bestiegen eine Reihe gut gekleideter und offensichtlich wohlhabender Italiener und Juden unseren Schlafwagen *auf dem Weg* nach New Orleans. Der Landhandel von Mississippi soll jetzt fast vollständig in den Händen von Juden und Italienern liegen. Letztere, die aus New Orleans kommen, erwerben viele Plantagen in Mississippi und Louisiana und verdrängen in vielen Fällen die Schwarzen aufgrund ihrer überlegenen Intelligenz, ihres Fleißes und ihrer Sparsamkeit von der Arbeit auf den Plantagen. Auf das Massaker an den Mafia-Verschwörern in New Orleans vor einigen Jahren folgte eine Flaute in der italienischen Einwanderung, aber diese Tragödie ist mittlerweile völlig vergessen, und es hat ein stetiger Zustrom besserer Italiener eingesetzt.

Im Speisewagen saß ich beim Mittagessen mit einem rundgesichtigen, gutmütigen Mann von etwa vierzig Jahren, mit dem ich in ein Tischgespräch geriet. Er war Redakteur bei einem westlichen Monatsmagazin und kannte das Land, das wir durchquerten, gut. Während wir Richtung Süden eilten, machte er uns auf Orte von lokalem Interesse aufmerksam, während mir viele Ereignisse aus der Geschichte in den Sinn kamen. Das gesamte Land aus Sumpf-, Bayou- und Baumwollfeldern war während des Bürgerkriegs von den konkurrierenden Armeen marschiert und umkämpft worden. Hier kämpfte Grant mit Johnston und errang seinen ersten großen strategischen Triumph bei der Eroberung von Vicksburg. Hier lebten die Baumwollpflanzer in „alten Zeiten" wie Lords und applaudierten ihren Senatoren im Kongress dafür, dass sie in öffentlichen Reden erklärten, dass „Mississippi und Louisiana keine öffentlichen Straßen wollten". Hier kämpften Spanien und Frankreich um die Vorherrschaft und unterlagen schließlich dem unaufhaltsamen Vormarsch des englischsprachigen amerikanischen Pioniers, der von Georgia, Carolina und Tennessee nach Südwesten vordrang.

Es war immer noch dasselbe flache Land, als wir kurz vor Einbruch der Dunkelheit Louisiana erreichten. An der ersten Station, an der wir anhielten, bot ein alter Mann Krüge mit „neuer Melasse" und Zuckerrohrstangen zum Verkauf an – der erste Hinweis darauf, dass wir uns sicherlich unterhalb der Breite des Frosts befanden.

Es war eine trübe Nacht, keine Sterne waren zu sehen, nur das Aufblitzen entfernter elektrischer Lichter verriet uns, dass wir uns New Orleans näherten. Wir waren in der Stadt, bevor ich es merkte. Wir passierten schnell viele unbeleuchtete Straßen, stießen plötzlich auf schwach beleuchtete Häuser und erreichten dann ein altes Depot, ein Holzgebäude, das noch baufälliger war als das von Memphis. Wir wurden sofort von einem Schwarm Neger umzingelt. Es gab mehrere Hektar davon, von denen kaum ein weißes Gesicht zu sehen war. Ich erkannte, dass einer der dunkelhäutigen Schwarzen der Portier des neuen St. Charles Hotels sein sollte. Nachdem ich ihm mein Gepäck gegeben hatte, wurde ich zu einem altmodischen Bus gelenkt und fuhr schon bald mit elektrischem Licht über gut asphaltierte Straßen und befand mich in den Durchgangsstraßen einer wirklich großartigen Stadt. Von der breiten Canal Street aus bogen wir in eine schmale Gasse ein und hielten vor einem schönen modernen Hotel. Dies ist ein Gebäude aus Eisen, Stein und Ziegeln, scheinbar ohne Holz in seiner Struktur, groß, geräumig und voller Gäste, das wichtigste Gasthaus von New Orleans und den modernen Bedingungen würdig, die heute in dieser spanisch-französisch-amerikanischen Metropole vorherrschen der Golfstaaten.

II
Das Leben und die Farbe von New Orleans

New Orleans, Louisiana,

16. November.

Nach einem gut servierten Abendessen im geräumigen Speisesaal des Hotels, wo in großen Töpfen Palmen und Orangenbäume aufgestellt waren, die gelb von reifen Früchten waren und den Duft lebendigen Wachstums verströmten, zündete ich meine Zigarre an und schlenderte hinaus auf die schmale St. Karlstraße. Dem Strom des Reisens folgend, befand ich mich bald auf der Hauptverkehrsader des Stadtlebens – Boulevard, Allee und Geschäftsstraße in einem – der stattlichen Kanalstraße. Es war voller Menschen, die sich langsam bewegten und die sanfte, warme Luft unter den elektrischen Lichtern und Sternen genossen. Ich wurde schnell ein Teil davon und genoss die gemächliche Gesellschaft, in der sie herumschlenderten.

Der typische Gesichtsausdruck an mir erinnerte an den dunklen, dunkelhäutigen lateinamerikanischen Süden, und große Männer traf man selten. Unter den klatschenden, gutmütigen Spaziergängern der Canal Street gibt es nichts von der Eile, die New Yorks lebhaftes „Rialto" kennzeichnet; Nichts von dem Gedränge und der Hektik, die einen im schroffen Chicago antreibt. In New Orleans herrscht eine Atmosphäre zufriedener Leichtigkeit in der Bewegung der am schlechtesten gekleideten Menschen. Sogar den Bettlern fehlt die Energie, aufdringlich zu sein.

Zu späterer Stunde, als ich die breite Durchgangsstraße überquerte, befand ich mich sofort in engen Gassen, den *Rues* des *Vieux Carré*, dem *Quartier Francais* – dem heutigen *Quartier*, aber einst alles, was es von New Orleans gab. Der Übergang war scharf. Die Gebäude erinnerten an Quebec und Montreal und an das alte Frankreich. Balkone hingen bis in die zweiten Stockwerke, hohe Lehm- und Stuckwände wurden durch schmale, eng vergitterte Türen betreten, vergitterte Fenster blickten auf den Passanten herab, und ab und zu glaubte ich hinter ihren Jalousien das Aufblitzen dunkler Augen zu sehen. Auch mein Ohr nahm sanfte, sonore Akzente wahr, die den raueren Gaumen- und Zischlauten des Englischen fremd sind. Unter einem grellen elektrischen Lichtbogen warfen zwei dunkelhäutige Pickaninnies Kupfermünzen und stießen eifrig in neugierigem, sanftem Französisch aus. Ein Mann und eine Frau schwatzten in einem Fleischladen an der Ecke, wobei Verkäufer und Käufer beide in einer ihnen unbekannten Sprache sprachen. Zum ersten Mal hörte ich das kreolische Patois des alten New Orleans.

Entlang einer schmalen *Gasse* – hier sind alle Straßen *Gassen* und alle *Gassen* sind eng – waren viele strahlende Lichter. Es war die *Rue* , wo es viele Cafés, Weinhandlungen und ruhige Restaurants gab. Als MB das letzte Mal in New York war, hatte er mich angeschrieben und gesagt: „Wenn Sie jemals in New Orleans sind, gehen Sie ins Café ———. Gehen Sie dorthin und wenn Sie Lust haben, einen Pompano zu probieren, bevor Sie sterben, einen Pompano, der so zubereitet wird, wie es nur ein Sterblicher auf dieser Erde kann, dann gehen Sie dorthin und flüstern Sie dem Koch zu: ‚Ich bin Ihr Freund.'" Also ging *ich* und Ich habe den *Koch gefunden* und träume seitdem von diesem Fisch. Das Zimmer war groß; Der Boden war geschliffen und makellos sauber. An den Wänden waren viele kleine Tische aufgestellt. Als ich durch die Tür spähte, überfiel mich der Hunger. Ich wurde immer hungriger, während ich dasaß und zusah, wie die Menschen um mich herum voller Begeisterung und Genuss jedes einzelne köstliche Fragment verstauten. Ich war bereit für diesen Pompano, als er endlich kam. Ich habe diesen Fisch in New York, in Baltimore, in Washington und in Richmond gegessen, und je weiter ich nach Süden kam, desto köstlicher wurden sein Fleisch und sein Geschmack. Nun hat mir der lange Sprung nach New Orleans die Freude dieses Feinschmeckers beschert, frisch aus den Gewässern des Golfs. Ich aß mit langsamer und gemächlicher Freude, ließ meinen verliebten Gaumen in der Symphonie des Geschmacks schwelgen, nippte an meinem Rotwein und beobachtete die seltsame Gesellschaft, die den Raum erfüllte. Die Männer trugen überwiegend Abendkleidung – Anwälte, Banker und Geschäftsleute. Sie waren aus dem Theater gekommen oder hatten vielleicht den Abend beim Kartenspielen verbracht. An einigen Tischen saßen nur Männer, an anderen waren Damen anwesend, jung, hübsch und viele von ihnen elegant gekleidet. Schwarze Augen waren bei diesen Schönheiten vorherrschend, und hier und da hatte ich das Gefühl, in manchen ihrer Gesichtsfarben das Echo jener wärmeren Pracht der Tropen wahrzunehmen, die nur ein Schuss afrikanisches Blut, wenn man es mit Weiß vermischt, so oft hervorruft, und Das hat die Octoroon Demoiselles von New Orleans in der ganzen Welt für ihre brillante Schönheit berühmt gemacht. Es war eine fröhliche Gesellschaft voller Gespräche, Gelächter und liebenswürdiger Art – der Liebenswürdigkeit wohlerzogener lateinamerikanischer Abstammung.

La verließ – es war schon lange nach zwölf Uhr, und doch war das Café immer noch überfüllt und das *Vieux Carré* war hell und voller Aufregung, als ob Es war früh in der Nacht. Als ich erneut die Canal Street überquerte, fand ich die amerikanische Stadt dunkel und still. Ich machte mich eilig auf den Weg zum Hotel, und meine Schritte hallten von der seltsamen, hallenden Hohlheit wider, die den Schritt auf der verlassenen, mitternächtlichen Stadtstraße kennzeichnet.

Am Morgen stand ich rechtzeitig auf, trank eine Tasse Kaffee und ein Brötchen und ging dann die St. Charles Street hinunter und überquerte den Canal zur Rue *Royale*, vorbei an den offenen Toren des alten Klostergartens der Ursulinen, dem heutigen Klostergarten der Ursulinen Erzbischofspalast und Einbiegen in die *Rue* St. Petre, dann in den Jackson Square. Die Luft war kühl. Die Welt war noch nicht ganz aufgewacht. Die Gärtner spendeten mit ihren Wasserkarren das morgendliche Bad auf den Rasenflächen und Blumen des Parks. Ein freundlich gesitteter Polizist hatte gerade zwei Landstreicher aus ihrem nächtlichen Schlaf gerissen und sie aufgefordert, weiterzugehen. Ich setzte mich auf eine Steinbank in der Nähe ihres Schlafplatzes und schaute hinüber zur alten spanisch-französischen Kathedrale von St. Louis und den städtischen Gerichtsgebäuden, dem Cabildo und dem Hotel de Ville – architektonische Denkmäler einer bereits schattenhaften Vergangenheit. Die Glocken läuteten zur Matin und die Gläubigen traten in die Frühmesse ein.

JACKSON-STATUE – NEW ORLEANS

Ich beobachtete die eilenden Gruppen und dachte währenddessen über das Bild vor mir nach. Hier hatten der Kanadier de Bienville, Cadillac und Aubry

und ihre französischen Kollegen sowie die spanischen Generalkapitäne von Don Juan de Ulloa bis Don Manuel Salcedo ihren Dank für die sichere Ankunft nach gefährlichen Reisen über unbekannte Meere zum Ausdruck gebracht. Hier hatte Don Antonio O'Rielly, Havannas mörderischer irischer Gouverneur, seinen spanischen Musketieren befohlen, die kreolischen Patrioten, Lafreniere, Milhet, Noyant, Marquis, Caresse, diese hingebungsvolle Bande, die sich weigerte zu glauben, dass Monsieur le Duc de Choiseul
und Seine Majestät Ludwig XV., *le bien goal* – hatte die schöne Provinz Louisiana heimlich kaltblütig an Spanien verkauft. Hier hatte der Bürger Laussat auf Befehl Napoleons die große Louisiana-Provinz an General Wilkinson und Gouverneur Claiborne, die Kommissare von Thomas Jefferson, übergeben, die damit der Herrschaft der jungen Regierung der Vereinigten Staaten ein Imperium hinzufügten. Auch hier war mit so viel Pomp und Trompetenfanfare der Sieg der Grenzschützen von Andrew Jackson über die Veteranen der Halbinsel Pakenham gefeiert worden. Der historische Place d'Armes wurde in Jackson Square umbenannt und „Old Hickory" reitet jetzt auf seinem großen Pferd inmitten eines schönen Stadtgartens. In späteren Jahren hatten hier auch der konföderierte Bürgermeister und der Bundesgeneral ihre Dekrete und Proklamationen ausgehängt, darunter die berühmte „General Order No erhielt dadurch den Beinamen „Beast Butler".

Die Gläubigen kehrten von der Messe zurück. Meine Träumereien hatten ein Ende. Ich stand auf, überquerte den Platz und schlenderte zum Decatur Place hinüber zum alten französischen Markt am Flussufer. Dort fand ich vieles, was mich an den größeren *Marché Central erinnerte*, den ich eines frühen Morgens in Paris besucht hatte. Es herrschte die gleiche Feinheit und Sorgfalt beim Anordnen und Präsentieren des Gemüses, der gleiche Geschmack und die gleiche Geschicklichkeit bei der Präsentation der Blumen, die überall der Ruhm von New Orleans sind. Es gab Büschel voller Rosen – der Marechal Neil, das prächtige Tuch aus Gold unter den prächtigeren. Auch hier trugen die Metzger das Fleisch auf dem Kopf, genau wie in Frankreich, und Fisch und Wild wurden ebenso verlockend zur Schau gestellt. Aber die Menschen auf dem Markt waren, obwohl sie die französische Sprache sprachen, sehr unterschiedlich. Die dunklen Farbtöne der Tropen waren hier deutlich zu erkennen. Negerinnen, schwarz wie die Nacht, machten mich *zum Bonjour!* Die Verkäufer und Träger waren aus Ebenholz oder Mulatten, und selbst die Käufer waren größtenteils von afrikanischem Blut durchtränkt, während das Französisch, das sie sprachen, eine Sprache war, die ich nur schwer verstehen konnte. Das scharfe, nasale Klingeln von Paris wurde erheblich gedämpft, und ihr „u" hatte jene gewisse schwierige Flüssigkeit verloren, die für englische und amerikanische Münder kaum zu erreichen ist. Kuriose zweirädrige Karren, beladen mit Milchkannen aus Messing, machten sich morgens auf den Weg, und kleinere zweirädrige Karren wurden mit Gemüse, Fleisch und Fisch beladen, um sie den ganzen Tag durch die Stadt zu verkaufen. Lasten wurden nicht so allgemein auf dem Rücken und auf den Schultern getragen wie in Frankreich, obwohl einige der Frauen und einige Männer ihre Waren und Güter leicht balancierend auf dem Kopf trugen.

DER CABILDO – NEW ORLEANS

Das *Vieux Carré* hat für mich eine gewisse Traurigkeit. Wenn Sie durch seine *Gassen* und Wege schlendern, haben Sie das Gefühl, dass die Zeiten seiner Bedeutung und Macht auf die eine oder andere Weise für immer vorbei sind. Villen, einst die imposanten Häuser der Wohlhabenden, sind jetzt rissig und beschädigt, und es scheint niemanden zu geben, der sie instandsetzen könnte. Verfall brütet über dem *Vieux Carré*. Man hat das Gefühl, dass die gute alte kreolische Zeit sicherlich vorbei ist. Sie erkennen, dass mit dem Verschwinden der Sprache von La Belle France die gemächlichen Bräuche und einfachen Gewohnheiten des französischen New Orleans in wenigen Jahren von der direkten Rede und der kommerziellen Schroffheit des modernen Amerikas überdeckt werden.

Am Nachmittag fuhr ich viele Meilen mit den Straßenbahnen durch und um die Stadt, insbesondere entlang der Deiche und durch die schöne Avenue St. Charles und den oberen modernen Abschnitt. Tief, sehr tief liegt New Orleans, der größte Teil davon nur wenige Fuß über dem Wasser, bei Überschwemmungen sogar unter dem Niveau des Mississippi. Viele Straßen sind jetzt asphaltiert und vergleichsweise sauber gehalten, aber der größte Teil der Stadt ist noch nicht gepflastert oder, wenn es überhaupt einen Bürgersteig gibt, immer noch mit riesigen französischen Granitblöcken (ca. 18 Zoll im Quadrat) ausgelegt vor zwei Jahrhunderten. Die Stadt liegt zu nahe an ständigem Totwasser, als dass eine moderne Entwässerung möglich wäre, und es gibt nur wenige oder keine unterirdischen Abwasserkanäle. Die Häuser münden in tiefe, offene Dachrinnen entlang der Straßen zwischen den Gehwegen und den Durchgangsstraßen, über die man treten muss; In diese Rinnen wird Frischwasser gepumpt und zusammen mit dem zufließenden Abwasser wieder in den Mississippi abgepumpt. Auf diese grobe und unhygienische Art und Weise strebt New Orleans danach, messbar sauber zu bleiben.

BAUMWOLLE TRANSPORTIEREN – NEW ORLEANS

Im Residenzviertel der amerikanischen Stadt gibt es viele hübsche Villen mit weitläufigen Rasenflächen und einer Fülle von halbtropischen Bäumen, und überall gibt es Gärten – Blumengärten, die aus wilden Massen von Rosen und Jasmin und prächtigen Blüten bestehen. So wie der Ruhm Englands seine Blumen sind, wo kein Haus zu bescheiden für einen Blumenkasten ist, so ist es auch in New Orleans. So schmutzig sie auch sein mag, wie schlampig und schlampig sie auch sein mag, Sie müssen die Stadt dennoch wegen ihrer Blumen lieben. Sogar die bescheidenste Arbeiterhütte erstrahlt in ihrer Fülle an Farben.

New Orleans hat keine Parks, mit denen man sich rühmen kann – der Audubon Park ist nur ein grünes Band –, aber die Friedhöfe an seinen Grenzen sind in Wirklichkeit seine Parks. Die lebenden Eichen hängen mit massenhaft herabhängendem Moos, und überall blühen Magnolien und Sträucher. Allerdings ist das Wasser so nah an der Oberfläche, dass es keine Bestattungen in der Erde geben kann und die Friedhöfe daher mit über der Erde errichteten Gräbern gefüllt sind. Viele davon sind kostspielige Kunstwerke.

Die Stadt schmiegt sich an den Fluss, wo der Mississippi wie ein Halbmond eine große Biegung nach Südwesten macht, daher der Name „Crescent City". Nur die großen Dämme mit einer Höhe von 14 bis 15 Fuß verhindern, dass die Häuser und Gärten sowie der gesamte Geschäftsteil der Stadt manchmal von den wütenden Wassern des großen Flusses überschwemmt werden. Ich fand es seltsam, vom Deck eines Dampfers, der am Deich lag, auf die Stadt hinunterzublicken, die zehn oder zwanzig Fuß tiefer lag. Es erinnerte mich an Holland und Rotterdam, nur dass das Wasser dort die toten und stillen Teiche niederländischer Kanäle ist, während es hier die anschwellende, unruhige Flut des mehr als eine Meile breiten Mississippi ist.

Entlang der Deiche lagen viele Ozeandampfer, die Melasse, Zucker und Baumwolle, hauptsächlich Baumwolle, beluden, mit der ein enormer und ständig wachsender Handel betrieben wird. Die größten Schiffe kommen jetzt direkt neben den hölzernen Kais der Deiche und liegen dort mehrere Meilen lang von Bug bis Heck.

Die Theater und Geschäftsviertel, das Zollamt, das Rathaus und andere öffentliche Gebäude von New Orleans sind allesamt nicht gerade modern, sondern scheinen vor vielen Jahren erbaut worden zu sein. Der Geschäftsteil der Stadt ist es jedoch trotz ihrer antiken Spuren animieren mit Aufregung und Action. In den Gesichtern der Männer in New Orleans liegt Hoffnung, und die jüngeren Männer finden im wachsenden Handel der Stadt Möglichkeiten für Erfolge, von denen ihre Vorfahren nie etwas wussten. Mit der Fertigstellung des Panamakanals wird New Orleans zu einem der größten Handelshäfen.

Entlang des Deichs – New Orleans

Von New Orleans aus fahre ich mit der Southern Pacific Railway, überquere den Mississippi und fahre westwärts durch Louisiana und Texas nach San Antonio, Texas, und dann fahre ich nach Süden nach Mexiko.

III
Südwestlich bis zur Grenze

(Im Zug geschrieben und in Laredo, Texas, verschickt.)

16. November.

Die Reise von New Orleans aus war etwas mühsam, aber doch so voller neuer Sehenswürdigkeiten, dass die Zeit viel zu schnell verging, als dass ich auch nur einen Blick auf das Exemplar von Lew Wallaces „*Fair God*" geworfen hätte, das ich in New Orleans gekauft hatte, um es unterwegs zu lesen.

Um 9:45 Uhr verließ ich das Hotel St. Charles und nahm den Bus zur Southern Pacific Station, einem schäbigen, verwitterten Holzgebäude unten am Wasser im französischen Viertel der Stadt. Ein großer, schlecht gepflegter Warteraum war voller Auswanderer – hauptsächlich „Cracker" und „Po' White Trash" aus den Baumwollstaaten. Eine breite Gangway führte zu der schwerfälligen, schnaufenden Fähre, die uns über den Mississippi zu einer Reihe langer, niedriger Holzschuppen brachte, wo unser transkontinentaler Zug auf uns wartete.

Die Fähre überquert den Mississippi etwa in der Mitte des Bugs, wo der Fluss in einer riesigen Kurve gegen das halbmondförmige Ufer streicht. Die Strömung ist schnell, und egal, ob das Wasser hoch oder niedrig ist, der Fluss strömt immer mit unerbittlichem Eifer in Richtung des 160 Kilometer entfernten Golfs von Mexiko.

Als ich auf dem Boot stand und mein Blick den Fluss hinauf und hinunter schweifte, erstreckte sich die Stadt vor mir schwarz und düster unter einer dicken Rauchwolke, flach und uninteressant, nur hier und da erhob sich ein Turm oder Kirchturm einsam aus der flachen Monotonie . Doch entlang der kilometerlangen Deiche herrschte reges Treiben und Leben. Ozeandampfer nahmen Fracht auf, und eine Vielzahl von Flussdampfschiffen entluden Frachten mit Baumwollballen und anderen vorgelagerten Produkten, die aus den Kohlebergwerken, Weizenfeldern und Plantagen in Pennsylvania, West Virginia, Ohio, Indiana und Illinois, Kentucky und Tennessee gebracht wurden. von Wisconsin und Minnesota und Iowa, sogar von den Dakotas und Nebraska und Kansas und von Missouri und Arkansas und Mississippi und Louisiana, denn hier läuft der riesige Binnenwasserverkehr des Kontinents zusammen. (Der enorme Verkehr auf den Großen Seen drängt den Kongress nun dazu, ihnen Schiffskanäle und ungehinderten Zugang nach New Orleans zu gewähren.)

Es handelt sich um einen gewaltigen Verkehr, der trotz der Konkurrenz der Eisenbahnen, die jetzt überall, sogar in das reiche Plantagenland, vordringen, stetig zunimmt. Für einige Jahre nach dem Bürgerkrieg schien New Orleans seine einstige Vormachtstellung als Hafen zu verlieren. Die Eisenbahnen im Norden drohten, ihren Handel von oben abzuschneiden, die Versandung der Mündung des Mississippi drohte, ihren Zugang zum Meer zu zerstören. Dann kam die starke, weise Hand von Onkel Sam, der das von Captain Eads erfundene prächtige Stegsystem baute , und New Orleans begann zu erwachen. Ihr Handel nahm sprunghaft zu, der Flussverkehr belebte sich wieder, und sie wurde die Herrin eines Wasserhandels, der weit über das hinausging, was sie zuvor gekannt hatte. Jetzt erstrecken sich ihre Vororte nicht nur entlang des Flusses, sondern ihr Handel und Gewerbe hat sich auch bis zum Westufer verlagert, wo rasch eine neue und zusätzliche Stadt entsteht. Dort haben die Southern Pacific Railway und andere westliche Linien ihre Werkstätten und Fabriken errichtet, weitläufige Werften angelegt und große Lagerhäuser gebaut. Dort entladen und lagern sie die Fracht, die Louisiana, Texas und der weitere Westen nach Osten schicken, um sie an die östlichen Eisenbahnverbindungen zu verteilen, die sie zum Export zu den Golf- und Atlantikküstenhäfen befördern und zur Lieferung an den Inlandsverbrauch per Binnenschifffahrt.

Wir sollten den San Francisco Express nehmen, und ich hatte mit einem guten transkontinentalen Zug gerechnet, so etwas wie unserem eigenen „FFV", der uns von Kanawha nach Cincinnati oder New York bringt. Aber ich war enttäuscht. Die „Sunset Limited", wie sie genannt wird, bestand aus zwei Schlafwagen, die hinter einer Reihe schäbiger Einwandererautos und altmodischen Tagesreisezugwagen gespannt waren. Keines davon verfügte über einen Vorraum und es gab keinen angeschlossenen Speisewagen. Ich hatte mir glücklicherweise mehrere Tage im Voraus einen niedrigeren Liegeplatz bis nach San Antonio gesichert; Es meldeten sich jedoch viele Passagiere, die keine Liegeplätze bekommen konnten und sich mangels Unterbringungsmöglichkeiten in den Tageswagen, in die die schwärmenden Einwanderer übergeströmt waren, in die Schlafwagen drängen durften.

ALTE FRANZÖSISCHE GEHWEGE

Wir waren spät dran; Wir kamen an jeder Station entlang der Straße zu spät; Als wir am nächsten Morgen in San Antonio ankamen, waren wir eine Stunde zu spät dran; Sicherlich ein schlechter Anfang für einen Zug, der vier lange Tage und Nächte bis zur Pazifikküste fahren muss.

Wir durchquerten ein flaches Land mit vielen Gräben, Kanälen und Teichen mit stehendem Wasser, die einige Fuß unter der Oberfläche lagen. Der Boden war schwarz und reichhaltig. Wir durchquerten Hektar um Hektar, Tausende von Hektar Zuckerrohr und sahen viele große Mühlen, die alle moderne Maschinen zum Mahlen von Zuckerrohr und zur Zuckerherstellung verwendeten. Dann gab es weniger Gräben, weniger Kanäle, das Land war etwas höher und es gab kilometerlange Baumwollfelder, die Baumwolle war noch in den Samenkapseln, reif zum Pflücken. Damals war es ein Land mit vielen kleinen Gräben und kleinen Deichen; es gab Reisfelder, die überflutet werden mussten; und es gab Reismühlen, die ein großes und schnell wachsendes Interesse darstellten. Jeder Waldabschnitt, an dem wir vorbeikamen, war mit grauem Moos und parasitischen Ranken bedeckt. Es gab viele lebende Eichen und Palmen und einige Zypressen. Das Land stieg immer noch allmählich an und wurde schließlich trockener, grasbedeckt und von Rinder- und Pferdeherden beweidet; aber es war flach, immer flach.

Gegen Abend fuhren wir durch Beaumont, die berühmte Ölstadt. Dies ist der schicksalhafte Ort, an dem innerhalb weniger Monate Millionen von Dollar verdient und verloren wurden. Vor zehn Jahren bohrte eine Gruppe unserer eigenen Kanawha-Tenderfeets hier ein 120 Meter tiefes, trockenes Loch und gab das Projekt auf, da sie nur einen Steinwurf von der Stelle entfernt, an der Dan Lucas ein paar Jahre später 240 Meter tief bohrte, kein Öl fand , und schlug seinen Schwall mit siebzigtausend Fässern. Am Bahnhof herrschte ein aufgeregtes „Bumm"-Gedränge, und die Reisenden, die in unser Auto einstiegen, brüllten mitreißend über Öl. Unter ihnen befanden sich eine Reihe von Damen, die mehr mit Diamanten, Juwelen und Gold besetzt waren als jede Gruppe weiblicher Wesen, die ich jemals zuvor gesehen hatte. Auch die Männer trugen funkelnde Juwelen und trugen jenen unverwechselbaren Stempel, der diejenigen kennzeichnet, die mit Lässigkeit in einer Nacht ein Vermögen gewinnen oder verlieren. Sie waren aller Wahrscheinlichkeit nach die härteste Gruppe elegant gekleideter Männer und Frauen, die ich je gesehen habe.

DER ALAMO

Wir passierten Houston gegen Mitternacht und waren am Morgen um acht Uhr in San Antonio, einer Stadt mit breiten Straßen und weitläufigen Parks, die überall mit Palmen, Palmetten und halbtropischen Sträuchern geschmückt waren. Wir stiegen in einen Bus und fuhren eine Meile zum Bahnhof der International and Great Northern Railway, die von St. Louis aus 70 Meilen südlich nach Laredo am Rio Grande und der mexikanischen Grenze verläuft. Wir kamen an den von Kugeln zerschmetterten Mauern des berühmten Alamo vorbei, dem heiligen Schrein jedes treuen Texaners, dann an einer großen römisch-katholischen Kathedrale mit spanischem Dach und Glockenturm, einem riesigen Kloster und mehreren stattlichen öffentlichen Gebäuden. San Antonio ist eine Stadt mit 40.000 Einwohnern und die letzte amerikanische Großstadt nördlich von Mexiko. Am Bahnhof, wo wir eine halbe Stunde warteten, sah ich meine ersten mexikanischen *Greaser* in ihren erstaunlichen *Sombreros* und begann, mich einem fremden Land zu nähern.

Unser Zug aus dem Norden fuhr pünktlich um neun Uhr ein, alle Vorräume ausgestattet, mit Elektrizität beleuchtet, mit einem Speisewagen ausgestattet und in seiner gesamten Ausrüstung der des Südpazifiks weit überlegen. Es war einer der Gould-Züge von St. Louis in den äußersten Süden.

Als wir San Antonio verließen, durchquerten wir ein Land, das immer noch flach war und kilometerweit mit Sand und Mesquit bedeckt war. Soweit das Auge in alle Richtungen reichte, dehnte sich Stunde um Stunde diese grenzenlose, eintönige Wildnis aus. Die Mesquit-Bäume sahen aus wie schlecht gewachsene Pfirsichbäume. Für mein ungewohntes Auge schien es, als würden wir durch endlose, karge Obstgärten fahren, in denen die Bäume im Allgemeinen zehn bis vierzig Fuß voneinander entfernt standen. Hier ist die Heimat des Hasen, und an der mexikanischen Grenze und in der Nähe der Gewässer des Rio Grande gibt es viele Hirsche. Wachteln kommen ebenfalls häufig vor, aber von anderem Leben gibt es kaum oder gar nichts. Hier und da wurden die Mesquit-Bäume gefällt und weite Sandfelder mit Baumwolle bepflanzt. Auch Rinder ernteten das kurze, trockene heimische Gras. Als wir nach Süden fuhren, wurde das Gras weniger, der Sand nahm zu und die stacheligen Kakteen wurden immer üppiger. An einer der Stationen, an denen wir anhielten, um die Lokomotive mit Wasser zu versorgen, unterhielt ich mich mit einem großen weißbärtigen Pflanzer, der sein Pferd hielt, das Pferd war mit mexikanischem Sattel und Lasso ausgestattet, der Mann im hohen mexikanischen *Sombrero* . „Die Arbeit hier ist ausschließlich mexikanisch", sagte er. „Mexikanische Landarbeiter können Sie in unbegrenzter Zahl importieren, die gerne für dreißig Cent pro Tag arbeiten und sich selbst verpflegungen. Daher gibt es südlich von San Antonio keine Neger, denn kein Neger wird von einem so geringen Lohn arbeiten und leben. Darüber hinaus ist der Boden so arm und das Wasser so knapp, dass hier weder Baumwolle noch Vieh mit Gewinn gezüchtet werden könnten, wenn es nicht den niedrigen Lohn gäbe, den der Mexikaner gerne akzeptiert."

ALTES SPANISCHES KLOSTER

Wir erreichten Laredo, eine Stadt mit etwa fünftausend Einwohnern, gegen sechs Uhr nachmittags, wo ich das folgende Telegramm schickte: „Zuckerrohr, Baumwolle, Vieh, Mesquit, Sand und Kakteen, OK", das, wenn auch kurz, zusammenfasst das Land, das ich in den letzten zwei Tagen durchquert habe. Laredo liegt auf der amerikanischen Seite des Rio Grande, der von einer langen Brücke nach Nuevo Laredo im Bundesstaat Nuevo Leon überquert wird. Hier untersuchten elegant uniformierte mexikanische Zollbeamte mein Gepäck und ließen mich durch.

IV
Weiter nach Mexiko-Stadt

MEXIKO-STADT, MEXIKO,

18. November.

Er war in dieser Stadt, hey, cerca las ocho de la mañana! Als wir den Rio Grande überquerten, wechselten wir augenblicklich von der amerikanischen Zivilisation des 20. Jahrhunderts zur mittelalterlichen lateinamerikanischen Zivilisation. Die mexikanische Stadt Nuevo Laredo, die Gebäude, die Frauen, die Männer, die Jungen, die Esel, alles war anders. Ich hatte das Gefühl, als wäre ich in einer anderen Welt aufgewacht. Als wir uns dem Bahnhof der mexikanischen Stadt näherten, bemerkte ich einen alten Mann, der auf seinem Esel ritt. Sein Sattel war über den Hüften knapp über dem Schwanz des Tieres befestigt, seine Füße schleiften auf dem Boden. Er saß dort mit großer Würde und Selbstbeherrschung und betrachtete neugierig die *Gringos* , die aus dem Land des fernen Nordens herabgekommen waren. Er beobachtete uns einige Augenblicke lang schweigend und ritt dann feierlich davon, während ich mich fragte, durch welche Hand der Vorsehung er nicht hinterher abgerutscht war.

Von Nuevo Laredo bis Monterey, das wir um halb elf erreichten, war alles eine flache, mit Masquiten und Kakteen bedeckte Ebene; Sand, Mesquit und Kaktus; Kakteen, Sand und Mesquit, Meile um Meile, bis die Dunkelheit über uns hereinbrach und wir nichts mehr sehen konnten. Monterey ist das Zentrum der mexikanischen Stahl- und Eisenindustrie, großer Tabakfabriken und umfangreicher Brauereien. Es ist die wichtigste Produktionsstadt des modernen Mexiko. Unser Aufenthalt war kurz, und ich erhaschte nur einen flüchtigen Blick auf eine Menschenmenge in verhüllten Mänteln und mit hohem *Sombrero* , die im Schein elektrischer Lampen eilte, und dann fuhren wir weiter in Richtung des großen Binnenplateaus der mexikanischen Highlands.

In der Nacht wurde es kalt. Ich erwachte zitternd und rief nach Decken. In San Antonio war der Morgen warm gewesen und den ganzen Tag über war die Hitze im Süden nach Laredo und weiter nach Monterey drückend gewesen. Es war kalt, als ich Kanawha verließ, aber die kühle Luft war mir nicht über New Orleans hinaus gefolgt, und ich hatte dort meine gesamte warme Kleidung in meinen Koffer gepackt und gab sie nach Mexiko auf. Auf der Durchreise nach Westen durch Louisiana und Texas war die milde Luft herrlich und ich fühlte mich in meiner dünnsten Sommerkleidung wohl. Während ich von Orangenhainen und sonnigen Tropen träumte, schlief ich ein. Jetzt zitterte ich vor tödlicher Kälte, und die dünne, scharfe Luft schnitt wie ein Krummsäbel. Ich zog meinen Mantel an, den ich glücklicherweise noch bei mir hatte, und schlief unruhig bis zum nächsten Tag.

In der Nacht überquerten wir die erste große Bergkette, die das Binnenplateau Zentralmexikos von den Tieflandebenen trennt, die sich ostwärts zum Golf und nach Texas erstrecken. Wir stiegen viele tausend Meter hinauf nach Saltillo, wo das Quecksilber fast Frost registrierte. Jetzt stiegen wir die inneren Hänge der Barriereberge hinab und kamen am Schlachtfeld von Buena Vista vorbei, wo Zachary Taylor Santa Anna und seine dunkelhäutige Horde schlug und den Ruhm erlangte, der ihn zum Präsidenten der Vereinigten Staaten machte. Wir betraten die weite, trostlose Ebene im Landesinneren, die sich viele hundert Meilen nach Süden bis nach Acambaro erstreckt, wo wir erneut beginnen sollten, noch höhere Gebirgsketten zu erklimmen und sie schließlich – in einer Höhe von elftausend Fuß – zu überqueren, bevor wir schließlich hinabsteigen sollten das hohe kühle Tal von Anahuac bis zur Stadt Mexiko.

Gegen neun Uhr hielten wir an einer Raststätte zum Frühstück (*Almuerzo*). Wenn ich es gewusst hätte, hätte ich meinen *Desayuno-* Kaffee und mein Brötchen vielleicht zu einer früheren Stunde im Zug bekommen . Wir befanden uns nun auf einer ausgedehnten Sandebene. Ein kalter Nebel hing über uns. Die sengende Sonne versuchte, diese Barriere zu durchdringen. Eine Gruppe von Indianern, die bis zu den Augen in farbenprächtige Decken aus einheimischer Herstellung (*Zerapes) gehüllt waren, ihre Sombreros* mit hohen Spitzen über die Augen gezogen, mit verschränkten Armen und schweigend wie Statuen standen da und beobachteten uns. Ich habe sie absichtlich fotografiert. Sie lächelten nicht und bewegten sich nicht. Eine Gruppe indischer Frauen, die neben diesen Männern auf dem Boden saß, war nicht so gelassen. Sie betrachteten die Kodak als ein böses Geheimnis und versteckten ihre Gesichter in ihren *Rebozos* , als ich meine Linse auf sie richtete. Das seltsame Instrument roch nach Hexerei, und sie wollten davon nichts wissen. Mit immer noch gezogenen *Rebozos* standen sie auf und flohen.

DIE trostlosen Ebenen

Eine weitere Stunde später löste die strahlend weiße Sonne die Nebel auf. Der Himmel war blau und wolkenlos. Die Strecke verlief geradeaus, mit seltenen Kurven, Meile um Meile in den Süden. Das Land lag flach wie ein Tisch, eine trockene Ebene, umgeben von hoch aufragenden, grünen Bergen, die sich im Osten und Westen am Horizont erstreckten. Den ganzen Tag rasten wir so nach Süden durch grenzenlose Sandwüsten, Salbeibüsche und Kakteen und eine seltsame verkümmerte Palme, die am Ende einen nackten Stamm mit einem einzigen grünen Büschel emporhob. Die Landschaft ließ nicht erkennen, dass sie jemals von einem Tropfen Wasser gesegnet worden wäre, und die karge Aussicht erstreckte sich in scheinbar endloser Monotonie nach allen Seiten.

Ab und zu kamen wir an einer kleinen Station aus Lehmziegeln vorbei. Ab und zu gruppierte sich eine Ansammlung von Lehmhäusern um eine Lehmkirche mit niedrigem Dach. An einer Stelle raste ein halb wilder *Rancherro* auf seinem *Broncho neben dem Zug her* , versuchte vergeblich, mitzuhalten und wedelte wild mit seinem *Sombrero* , als er zurückfiel. An den Bahnhöfen waren immer Frauen und Kinder und die immer schweigenden

Männer standen wie Statuen. Sie bewegten sich nie, sie sprachen nie, sie lächelten nie; sie starrten uns mit leerem Erstaunen an. Je weiter wir nach Süden kamen, desto mehr ließ die extreme Trockenheit der Landschaft nach. Auf der Ebene tauchten Rinder auf, Lehmdörfer wurden häufiger, die dunkelhäutige dunkelbraune Bevölkerung wurde zahlreicher. Gegen Nachmittag wuchsen vor uns die Türme, die hohen Mauern, die roten Ziegeldächer einer großen Kirche, einer Kathedrale und einer riesigen Stadt. Wir hielten an einem schönen, geräumigen Bahnhof aus rotem Sandstein an. Dort versammelten sich seltsame zweirädrige Karren und antike Kutschen mit hohen Rädern, die von Maultieren gezogen wurden, um den Zug zu treffen; viele Esel, die Lasten trugen, einige mit Männern, die auf ihren Hüften saßen; eine Vielzahl dunkelgesichtiger Lateinamerikaner, Männer in hohen *Sombreros*, die Frauen mit in *Rebozos* oder *Mantillas gehüllten Köpfen*. Wir befanden uns an der Station, die eine Meile von der wichtigen Stadt San Louis Potosí entfernt gebaut wurde, einem der großen Erzschmelzzentren Mexikos und einer Stadt mit sechzigtausend Einwohnern. Im Bahnhof aßen wir zu Abend, und ich aß meine ersten mexikanischen Früchte, darunter eine Art Puddingapfel, und alles war köstlich.

Wir warten auf unseren Zug

Im Auto saß mit mir ein mexikanischer Jugendlicher, der offensichtlich in den USA studiert und gereist war. Er war nach der besten amerikanischen Mode gekleidet und gab sich wie ein junger, wohlhabender Herr. Als er aus dem Zug stieg, wurde er von einem anderen Jugendlichen in seinem Alter umarmt. Sie falteten ihre rechten Hände und klopften sich mit der linken Hand auf den Rücken und küssten sich gegenseitig auf die Wangen, und dann wurde er ebenfalls von einem großen, stattlichen Mann umarmt, über sechs Fuß groß und mit einem langen grauen Bart. der sich mit großer Würde verhielt. Die beiden trugen ein komplettes mexikanisches Kostüm, mit enganliegenden *Pantalons*, die unten ausgestellt waren und an den Seiten mit silbernen Kordeln geschnürt waren, kurzen, mit goldener Spitze bestickten Samtjacken, hohen Filzhüten mit goldenen Kordeln und Quasten und ihren fünfzehn Zentimeter hohen Monogrammen aus brüniertem Metall, seitlich an der Krone befestigt. Mehrere Landarbeiter beschlagnahmten die Taschen und den amerikanischen Koffer des jungen Mannes, und die Gruppe bewegte sich auf eine Tragetasche für sechs Maultiere zu, die hoch oben auf riesigen Rädern stand. Der Reisende war offensichtlich der Sohn eines der großen *Haciendados*, dessen Ländereien etwa fünfzig Meilen entfernt lagen. Nur Granden der ersten Größenordnung reisen in Mexiko mit der Kutsche.

Auch unser farbiger Träger, pechschwarz, war gut gelaunt. Die ersten seiner mexikanischen Liebsten waren gekommen, um ihn zu begrüßen und brachten ihm einen Korb voller Obst. Sie war hübsch, hatte schöne dunkle Augen und ihr langes Haar war unter ihrem violetten *Rebozo zusammengerollt*. In Mexiko gibt es keine Farblinie und Sam erwies sich als großer Freund unter den mexikanischen *Muchachas*.

Als ich morgens im Raucherabteil meines Wagens saß, befand ich mich in Gesellschaft von drei mexikanischen Herren, die in Monterey einfuhren. Sie konnten kein Englisch. Mein Spanisch war begrenzt. Aber als wir dort saßen, wurde ich mir eines äußerst freundschaftlichen Gefühlsaustausches zwischen uns bewusst. Sie zeigten sich demonstrativ gnädig. Einer von ihnen bot mir eine feine Zigarre an, der andere bestand darauf, dass ich seine *Zigaretten* annehme , und sie wollten keine von meinen annehmen, bis ich ihnen zum ersten Mal eine abnahm. Sie schickten den Portier, um Bier zu holen, und bestanden darauf, dass ich es mit ihnen teile. Sie stiegen sogar an einer der Zwischenstationen aus, kauften duftende, hellhäutige Orangen und drängten mich, die Früchte zu teilen. Ich konnte nicht mit ihnen sprechen, und sie auch nicht mit mir, aber mir wurde bewusst, dass sie Mitglieder des Freimaurerordens waren. Ich trug das Abzeichen meines Maurermeisters. Sie zeigten keine äußeren Zeichen, aber ihre Blicke und ihre Freundlichkeit verrieten ihre brüderlichen Gefühle. Sie behandelten mich während der gesamten Reise nach Mexiko-Stadt mit hervorragender Höflichkeit und verabschiedeten sich schließlich mit offensichtlichem Bedauern. Später erfuhr ich, dass ein Mexikaner der Freimaurerbruderschaft aufgrund der Feindseligkeit der noch vorherrschenden römischen Kirche kein äußeres Zeichen seiner Mitgliedschaft trägt, während die freimaurerische Verbindung gerade aufgrund dieser Feindseligkeit von besonderer Stärke ist.

MAULTIERE, DIE MAIS TRAGEN

Nachdem wir San Louis Potosí verlassen hatten, wurde die große Binnenebene, die wir den ganzen Tag durchquert hatten, immer zerklüfteter. Wir kamen zwischen kleinen Hügeln mit hier und da tiefen Schluchten vorbei und begannen, uns leicht nach Westen zu wenden und in leichten Steigungen zu fernen, hoch aufragenden Bergen weit am Horizont im Süden aufzusteigen. Wasser wurde jetzt reichlicher. Wir folgten dem Lauf eines Baches, breit, zwischen hohen Ufern, wo lange Sandstrände mit gut gefüllten Teichen durchsetzt waren. Es gab immer mehr Lehmdörfer, und hier und da gab es kleine Kirchen oder Kapellen, auf denen jeweils ein großes Kreuz stand. Ich habe im Laufe einiger Meilen mehr als hundert dieser Kapellen gezählt. Es war, als hätte die gesamte Bevölkerung jahrhundertelang ihre Zeit dem Bau dieser Heiligtümer gewidmet. Einige waren baufällig und in schlechtem Zustand, andere sahen aus, als wären sie erst kürzlich gebaut worden. Jedes hat seine Madonna und jedes wird von der Familie, die es möglicherweise errichtet hat, verehrt und gepflegt. Es war acht Uhr und dunkel, als wir Acambaro erreichten, wo uns im geräumigen Bahnhof ein gutes Abendessen erwartete.

Gerade als der Zug abfuhr, stellte ich dem amerikanischen Schaffner einige Fragen und stellte nach einem kurzen Gespräch mit ihm überrascht fest, dass er aus Kanawha aus West Virginia stammte. „ *Señor* Brooks", sagte er, der in der Nähe von „Coal's Mouth", dem heutigen St. Albans, aufgewachsen war. Er freute sich, von mir etwas über Charleston und das Kanawha Valley zu erfahren, und hoffte, eines Tages zurückzukehren und die Heimat seiner Kindheit zu sehen. Er liebte jetzt Mexiko. Das trockene und sonnige Klima hatte ihm das Leben geschenkt, während er im kälteren Breitengrad von West Virginia umgekommen wäre.

Während der Nacht, als wir den Gipfel der *Sierra* bei La Cima überquerten – fast elftausend Fuß über dem Meer – wurde es wieder sehr kalt, sogar noch kälter als bei der Überquerung der Berge in der Nähe von Saltillo. Die Kälte weckte mich erneut, als ich entdeckte, dass wir in das Tal von Anahuac in Richtung der Stadt Mexiko rollten. Wir befanden uns bald hinter den Nebeln und unter einem wolkenlosen Himmel, doch ich verspürte keine übermäßige Hitze, sondern eher ein zunehmendes Hochgefühl in der reinen, trockenen Luft. Als wir uns kurvten und die steilen Gefälle hinabstiegen, eröffneten sich uns viele Ausblicke von außerordentlicher Schönheit. Wir gelangten in ein weites, fruchtbares Tal, das von hohen Bergen umgeben war, und ganz im Süden, fünfzig Meilen entfernt, hoben die polierten Kuppeln von Popocatepetl und Ixtacciuhatl ihre Eiskämme in den Weltraum, achtzehntausend Fuß über dem Meeresspiegel. Tief unter uns glitzerte und glitzerte das Wasser der Seen Tezcoco, Xochimilco und Chalco, die einst durch das gerettete Land verbunden, jetzt aber getrennt waren, auf dem *Tenochtitlan stand*, die mächtige Hauptstadt von Montezuma, auch heute noch eine Stadt mit mehr als vierhunderttausend Seelen (Als Cortez es eroberte, soll es mehr als eine Million gehalten haben.) Überall ruhte das Auge auf fruchtbarem Land, das unter Bewässerung bestellt wurde und Maguey-Plantagen, Obstgärten mit Orangen und Limetten sowie Granatäpfeln und Haine mit Feigen und Oliven enthielt – alles bildete eine Landschaft, in der der Frühling immer thront.

EIN CARGADORE MIT GEMÜSE

Entlang der Straßen schleppten sich schwer beladene Züge von Packeseln und Eseln in Richtung der großen Stadt, und viele Wanderer trugen riesige Rucksäcke auf dem Rücken, deren Gewicht auf den Schultern ruhte und von einem Riemen um die Stirn festgehalten wurde. Als die Azteken die Herren Mexikos waren und Montezuma herrschte, waren Pferd, Ochse, Esel und Schafe auf dem amerikanischen Kontinent unbekannt. Alle Lasten und alle Güter wurden dann auf den Rücken und Schultern der Indianer getragen, die von ihren Vorfahren die kräftigen Muskeln und das Recht geerbt hatten, den Verkehr des Landes zu tragen. Und von diesen Vorfahren haben die heutigen indischen *Cargadores die erstaunliche Kraft erhalten, die es ihnen ermöglicht, diese großen Lasten scheinbar mühelos zu tragen;* Der Indianer trug mit seinem Jogg-Trott-Gang hundert Pfund auf dem Rücken und legte dabei eine Strecke von fünfzig Meilen pro Tag zurück. Ein großer Teil der Früchte, Gemüse und tropischen Produkte, die täglich auf den Märkten der Stadt angeboten werden, werden daher auf dem Rücken von Menschen von fernen Tieflandplantagen angebaut. Je näher wir der Stadt kamen, desto mehr füllten sich die Straßen, an denen wir vorbeifuhren oder die wir überquerten, immer mehr mit diesen Packzügen und *Cargadores* sowie mit Männern und Frauen, die stadtwärts fuhren.

Schließlich erreichten wir eine große, neu erbaute Station aus weißem Sandstein. Auf dem Bahnsteig, neben dem wir anhielten, herrschte Pandämonie. Männer umarmten sich, klopften sich gegenseitig auf den Rücken und küssten sich auf beide Wangen. Frauen fielen einander in die Arme und Kinder küssten die Hände ihrer Älteren. Wir gingen durch breite Tore und in einen gepflasterten halbkreisförmigen Hof, in dem Kutschen mit gelben, roten oder blauen Streifen vor der Tür standen. Die mit den gelben Streifen sind billig und schmutzig, die mit den blauen Streifen bedeuten den doppelten Fahrpreis und die mit den roten Streifen sind sauber und erheben einen angemessenen Preis, was alles von der Bundesregierung reguliert wird. Ich stieg in eines der rot markierten Fahrzeuge. Der Fahrer rief zwei *Cargadores*, die meine Koffer packten, sie auf den Rücken luden und neben uns herliefen. Die Pferde begannen im Halbgalopp, und als wir das Hotel erreichten, waren auch die Cargadores mit den Koffern auf dem Rücken da, weniger außer Atem als das hechelnde Gespann, und jeder wurde mit einem mexikanischen Viertel für seinen Lohn belohnt (*gleich* bis zu einem amerikanischen Cent), während mein *Cochero* heftig auf Spanisch fluchte, weil ich ihm nicht das Fünffache seines gesetzlichen Fahrpreises bezahlte.

TERRASSE – HOTEL ITURBIDE

Ich kam zum ehemaligen Palast des Kaisers Iturbide und wurde vom amerikanisch sprechenden *Administrador* in sanfter louisianischer Sprache begrüßt.

V
Erste Eindrücke von Mexiko-Stadt

HOTEL ITURBIDE,

20. November.

Als ich heute Morgen aufwachte, gaben mir die kahlen Steinwände meiner Kammer, der gepflasterte Boden und die dünne Morgenluft, die durch die weit geöffneten Fensterflügel hereinströmte, ein Gefühl von beißender Kälte, das vielleicht nur zu spüren ist in so hohen Höhen wie diesen. Ich befinde mich anderthalb Meilen in der Luft über der Stadt Charleston-Kanawha, anderthalb Meilen über der Stadt New York. Als ich meine hastige Toilette gemacht hatte, waren meine Finger vor Kälte taub. Ich zog meine Winterkleidung an, die ich für die Rückkehr nach Virginia im Januar mitgebracht hatte. Ich habe auch meinen Mantel angezogen.

Ich verließ meine gewölbeartige Kammer, ging durch die mit Steinplatten ausgelegten Flure, die steinernen Treppen hinunter, in den mit Steinen gepflasterten Hof, wurde durch die schmale Pförtnertür hinaus und fand mich unter den Fußgängern in der Calle de San Francisco wieder. Es war früh. Die Straße lag noch im Morgenschatten. Die Passanten, die ich traf, waren warm eingepackt. Die *Rebozos* der Frauen wurden um Kopf und Mund gewickelt. Die *Zerapes* der Männer wurden eng um die Schultern gelegt und bedeckten das untere Gesicht. Überall waren Mäntel zu sehen, und Schals bedeckten den Mund der französisch uniformierten Polizei. All dies waren Vorsichtsmaßnahmen gegen die schreckliche Lungenentzündung, die am meisten gefürchtete und tödliche Krankheit Mexikos.

CARGADORES MIT FÄSSERN

Ich betrat ein Restaurant, das einem Iren gehörte, der mit Limerick-Brogue sprach, sich aber als Bürger der Vereinigten Staaten bezeichnete. Ich kam in einen hohen, quadratischen Raum mit Steinwänden, Steinboden, Fenstern ohne Glas und vielen kleinen Tischen für drei und vier Personen. Hier waren ein paar Amerikaner ohne Hut und viele Mexikaner mit Hut. Mein erster Gang war ein Gericht mit Erdbeeren, die Beeren waren nicht sehr groß, hatten eine blassrosa Farbe und einen sehr schwachen Geschmack. Diese werden jeden Tag im Jahr in den Gärten in der Umgebung der Stadt gesammelt. Mein Kaffee war *Con Leche* (mit Milch). Ich bat um Brötchen und ein paar *Blanquillos* (Eier) *passados por agua* (durch das Wasser gegeben, also weich gekocht). Für ein Trinkgeld galten *Cinco Centavos* (fünf Cent auf Mexikanisch, was zwei Cent in den Vereinigten Staaten entspricht) vom indischen Kellner als großzügig. Als ich den breiten Eingang verließ, stellte ich fest, dass die Schatten flohen und der Sonnenschein seine weißen Strahlen auf die Straße strahlte.

Ich ließ meinen Mantel im Hotel und machte mich auf den Weg zum schönen Alameda Park, wo ich mir einen Platz unter einer prächtigen Zypresse aussuchte, im herrlichen Sonnenschein saß und die sich bewegenden Menschenmengen beobachtete. Viele Scharen von Maultieren, beladen mit Produkten des Bodens, kamen in die Stadt. Später am Tag fahren dieselben Frachtführer erneut los, beladen mit Waren zur Verteilung an alle Städte und Dörfer im Berghinterland.

Eine indische Mutter kommt vorbei, ihr Baby ist in den Falten ihres *Rebozo* *gefangen* . Ich werfe ihr einen *Centavo zu* und sie erlaubt mir, sich und ihr Kind zu kodakieren.

EIN SCHNAPPSCHUSS FÜR EINEN CENTAVO

Ein gutaussehender Mann auf einem schönen schwarzen Pferd bleibt einen Moment am Straßenrand stehen. Er freut sich, dass ich das prächtige Tier bewundern darf. Er zügelt ihn und ich erhasche einen Blick.

Ein *Rancherro* in der ganzen farbenfrohen Pracht vergoldeter Borten, silberbesetzter *Pantaloons* und kostbarer Sättel, behängt mit Ornamenten aus

hängender Angoraziegenwolle, nähert sich mir. Er erlaubt mir, sein schönes
Sauerampferpferd zu fotografieren, erlaubt mir aber niemals, sich selbst von
Angesicht zu Angesicht zu sehen. Er bleibt stehen, damit die vorbeiziehende
Menge sein Tier bewundern kann; Er plaudert mit Freunden, die an seiner
Seite bleiben, aber wann immer ich versuche, sein Gesicht zu erhaschen,
dreht er sich um.

MY PROTECTORS OF THE MARKET ERRAND BOYS OF THE MARKET

MEINE BESCHÜTZER DES MARKTES UND LAUFJUNGEN DES MARKTES

Die *Dulce-* Verkäufer trugen Süßigkeiten in Tabletts auf ihren Köpfen; Die
Blumenverkäufer, die hochgestapelte Körbe tragen, solche Rosen, wie sie nur
echte Bäume hervorbringen können, kommen auch in die Sicht meines
Kodaks.

Später mache ich mich auf den Weg zur Plaza Grande vor der Kathedrale
und erhasche dort noch einmal Einblicke in das Leben der Stadt. Hier sind
Männer, die scheinbar gefüllte Fässer, Ballen mit Gartenfrüchten und Kisten
mit Hühnern auf ihren Schultern tragen. Alle möglichen tragbaren Dinge
werden hier auf dem Rücken des Menschen getragen. Hin und wieder setzt
sich der eine oder andere auf die Stein- und Eisenbänke und schwatzt. Davon
merkt sich auch meine Kamera.

Später am Morgen schlendere ich durch viele Straßen und erkundige mich
nach dem Weg zu einem der tollen Märkte. Hier verweile ich, gehe von Stand
zu Stand und mache ein Foto, je nach Lust und Laune. Ein Polizist,
uniformiert wie ein Pariser *Gendarm* , beäugt mich neugierig, begreift die
Macht meiner Kamera und kommt lächelnd auf mich zu. Er treibt die Menge

zurück, ruft seinen Mitstreiter, stellt sich stramm und bittet mich, ihm eine Kopie des Bildes zu schicken. Eine Gruppe von Laufburschen, die große, flache Körbe tragen und alles mit nach Hause nehmen, was Sie kaufen, werden von der mysteriösen Black Box angezogen, stellen sich auf und beantragen, dass auch sie fotografiert werden. Die augenblickliche Bewegung des Verschlusses überrascht sie, als ich sie dabei erwische, wie sie um die Münze kämpfen, während ich ein paar *Centavos* unter sie werfe. Ich bin zum Anziehungspunkt geworden. Die wimmelnde Menschenmenge auf der Straße drängt sich um mich herum, alle begierig darauf, sich dem magischen Instrument zu stellen, bis ich am liebsten meine befreundeten Polizisten anrufen würde, um sie abzuwehren.

Während ich dort stehe, mit meinen Vormündern scherze und den guten Willen der immer größer werdenden Menge aufrechterhalte, werde ich von einem großen, dünnbärtigen Herrn in rostigem, aber einst modischem Schwarz angesprochen. Er spricht auf Französisch mit mir. Er kommt aus Paris, sagt er; und Ach! War ich wirklich in Paris? *Très jolie Paris!* Er geht auch gerne auf die Märkte, schlendert zwischen den Ständen umher, beobachtet die Menschen und beobachtet ihre Gewohnheiten und Verhaltensweisen. Er führt mich durch die verschiedenen Abschnitte und kommentiert das Obst, Gemüse und die Waren. Als wir eine interessante Stunde verbracht haben, lädt er mich zu einer Flasche französischem Wein und einem köstlichen Rotwein ein, lüftet dann seinen Hut, verabschiedet sich von mir und verschwindet für immer in der *Menschenmenge* .

In dieser antiken Stadt gibt es so viel zu sehen und so viel zu spüren! Es ist so voller historischer Romantik! Während ich darüber wandere, kehren meine Gedanken und meine Fantasie immer wieder zu den Seiten von Prescott und Arthur Helps zurück, über deren Geschichte der spanischen Invasion und Eroberung ich als Junge gebrütet habe, und zu den Tragödien von Rider Haggard und Lew Wallace grafisch darstellen. Ich traue mich kaum, zur Feder zu greifen, weil ich große Angst davor habe, noch einmal zu erzählen, was Sie bereits wissen. Ich sehe ständig, wie die Dächer der Häuser von den dunklen Heerscharen Montezumas wimmeln, Steine schleudern und Pfeile auf die stahlgepanzerten Reihen von Cortez und seinen christlichen Banditen regnen lassen, während sie in diesen Straßen unten um Leben und Herrschaft kämpfen.

Ein Rancherro-Typ

Ich stand heute Morgen in der prächtigen Kathedrale, die genau an der Stelle errichtet wurde, an der einst die riesige Pyramide aufragte, auf deren Spitze die aztekischen Priester ihre menschlichen Opfer ihren Göttern opferten, während unten in den Kerkern unter meinen Füßen die Heilige Inquisition a Wenige Jahre später hatte er auch Männer zu Tode gefoltert, menschliche Opfer, die zum Ruhm der römischen Kirche geopfert wurden. Ein aztekischer Heide und ein spanischer Christ führten beide ihre Seele durch Blut und Schmerz ins Paradies, und ich wunderte mich, als ich einer indischen Mutter zusah, wie sie in demütiger Reue vor einem Bildnis der Jungfrau kniete und eine brennende Kerze auf dem Altar davor befestigte ob auch sie das Gefühl hatte, dass sich in den düsteren Schatten der Halbdämmerung die Erinnerungen an diese Tragödien, die ihre Rasse so unterdrückt haben, um sie sammelten.

Auf diesen Bürgersteigen schaue ich mir auch in Gedanken die dichtgedrängten Regimenter Frankreichs und Österreichs vor, die aufgestellt wurden, um Maximillian auf den *cis* -atlantischen Kaiserthron zu stoßen. Heutzutage erinnert man sich fast ungläubig an die Unverschämtheit dieser Verschwörung der europäischen Monarchie, die der westlichen Freiheit den Vormarsch stehlen wollte, während man glaubte, die Demokratie sei für immer durch den Bürgerkrieg zu Tode gestürzt. Aber der kühne Plan wurde von Juarez, dem Azteken, zu Tode umgesetzt, ohne dass Sheridan weiter nach Süden als bis zum Rio Grande vordringen musste.

All diese Bilder der Vergangenheit und viele weitere drängen sich auf mich ein, während ich durch die Straßen und Alleen dieser heute prächtigen modernen Stadt spaziere.

Ich habe auch versucht, so viel wie möglich von den Kirchen zu sehen – den wichtigeren von ihnen –, die es hier in Hülle und Fülle gibt, aber mein Gehirn ist in Aufruhr, und Heilige und Madonnen marschieren in einem wirren und endlosen Zug an mir vorbei.

Seit Cortez Guatemozin auf einem Kohlenbett röstete, um seine Konvertierung zum römischen Glauben zu beschleunigen und seine Erinnerung an den Ort von Montezumas verborgenem Schatz zu stärken, haben die spanischen Eroberer Kirchen, Schreine und Kapellen zur Ehre der Jungfrau gebaut. das Heil ihrer eigenen Seelen und der Gewinn ihres privaten Geldbeutels. Wann immer ein Spanier in Schwierigkeiten geriet, gelobte er der Jungfrau oder einem Heiligen eine Kirche, eine Kapelle oder ein Heiligtum. Wenn er Glück hatte, hatte er nicht den Mut, nachzugeben, sondern zeigte, dass er sein Gelübde hielt, und als die Arbeit erst einmal begonnen hatte, gab es genug andere geschworene Sünder, um die Arbeit voranzutreiben. Das mexikanische Genie hat seinen höchsten Ausdruck in seinen vielen und schönen Kirchen gefunden, und vielleicht war es eine gute Sache für das Genie, dass so viele Sünder bereit waren, auf ein Gelübde zu setzen.

DIE KATHEDRALE – MEXIKO-STADT

Als Juárez Maximillian erschoss, traf er auch die römische Kirche. Der Erzbischof von Mexiko und die Kirche, deren Primat er praktisch war, hatten den österreichischen Eindringling unterstützt. Sogar Papst Pius IX. hatte seinen Segen für die Verschwörung ausgesprochen. Als die Republik die Verschwörer niederschlug, wurde die römische Kirche sofort jeder sichtbaren Macht beraubt. Jeder Fuß Land, jedes Kirchengebäude , jedes Kloster, jedes Kloster, das die Kirche in ganz Mexiko besaß, wurde von der Republik beschlagnahmt. Die Ländereien und viele Gebäude wurden verkauft und das Geld in die Staatskasse eingezahlt. Mönche und Nonnen wurden verbannt. Den Priestern war es verboten, andere als gewöhnliche Gewänder zu tragen. Der römischen Kirche war es nie wieder verboten, einen Steinstab oder einen Fuß Land zu besitzen.

Nun ist es so, dass der Priester einen „Bee-Gum"-Hut und einen Glengarry-Mantel trägt, und der Staat nimmt alle Kirchengebäude, die er will, für die öffentliche Nutzung. Die Kirche San Augustin ist eine öffentliche Bibliothek. Viele Kirchen wurden in Schulen umgewandelt. Andere wurden abgerissen und an ihrer Stelle moderne Gebäude errichtet. Der Kreuzgang und die Kapelle des Franziskanerklosters werden an Laien verpachtet und zum Hotel Jardin umgebaut. Welche Kirchen die Republik nicht nutzen musste, war sie bereit, der römischen Hierarchie für die religiösen Zwecke des Volkes zu vermieten. Es gab so viele dieser Gebäude, dass es trotz der Mittel der Regierung und privater Besetzungen immer noch unzählige Kirchengebäude gibt, in denen die Frommen Gottesdienst feiern und die Priesterschaft die Messe feiern kann. Aber die römische Hierarchie verfügt nicht mehr über den Reichtum und den Willen, diese Gebäude instand zu halten, und alle von mir besuchten Gebäude waren stark baufällig.

Es stimmt zwar, dass die strengen Gesetze der Republik der römischen Kirche den Besitz von Land verbieten, doch angeblich wird dieses Gesetz nun durch ein System von Subrosa- *Treuhänderschaften* umgangen, bei denen geheime Treuhänder bereits riesige Ansammlungen von Land und Geld besitzen verwenden. Und obwohl die Kirche nicht vor Gericht gehen kann, um das Vertrauen durchzusetzen, scheint die Androhung schrecklicher Schmerzen im Fegefeuer so wirksam zu sein, dass es angeblich außerordentlich wenig Verlust durch Diebstahl gegeben hat. Das Versprechen eines leichten Übergangs ins Paradies erleichtert auch die Umgehung menschlicher Gesetze.

LA CASA DE AZULEJOS, JETZT JOCKEY CLUB

VI
Lebendige Merkmale des mexikanischen Lebens

Diese klare Atmosphäre, diese belebende Sonne – wie röten sie das Blut und erheitern den Geist! Dies ist ein Sonnenschein, der nie ins Schwitzen kommt. Doch so heiß die Sonne auch sein mag, im Schatten ist es kalt, und das überrascht mich immer wieder.

Der Brauch der Hotels in diesem lateinischen Land besteht darin, Zimmer nach „europäischem" Schema zu vermieten, so dass der Gast die Möglichkeit hat, im separaten Café des Hotels selbst zu speisen oder seine Mahlzeiten an einem beliebigen Ort aus der Vielzahl der Mittagsangebote der Stadt einzunehmen Zimmer und Restaurants. So kann ich mein *Desayuno* in einem „amerikanischen" Restaurant einnehmen, wo die Gerichte amerikanischer Art sind, und mein *Almuerzo* , das Vormittagsessen, in einem italienischen Restaurant, wo die Gerichte des sonnigen Italiens serviert werden; während ich für meine *Comida* durch eine schmale Tür zwischen himmelblauen Säulen schlendere und einen langen, mit Steinplatten ausgelegten Saal betrete, in dem hübsche Tische aufgestellt sind und in dem der Wirt das kreolische Französisch von Louisiana spricht. Hier werden die leckersten Gerichte serviert, die ich bisher entdeckt habe. Wenn Sie Fisch möchten, präsentiert Ihnen ein dunkelhäutiger indischer Kellner ein großes silbernes Tablett, auf dem verschiedene Arten von Fisch frisch aus dem Meer angeordnet sind, denn diese werden in der Stadt täglich serviert. Oder vielleicht wünschen Sie sich Wild, wenn Ihnen ein Tablett präsentiert wird, auf dem Enten, Bekassinen und Regenpfeifer ausgebreitet sind, deren Köpfe und Flügel noch gefiedert sind. Oder es wird Ihnen eine Platte mit Beefsteaks, Koteletts und Schnitzel serviert. Aus diesen wählen Sie aus, was Sie sich wünschen. Wenn Sie möchten, können Sie den Kellner begleiten, der dem Koch Ihre Wahl überreicht, und Sie können dabei zusehen, wie der Fisch, die Ente oder das Kotelett nach Belieben auf dem Feuer vor Ihren Augen zubereitet wird. Sie werden gebeten, nichts als selbstverständlich zu betrachten, aber nachdem Sie sich zu Ihrer eigenen Zufriedenheit vergewissert haben, dass das Essen frisch ist, können Sie seine Zubereitung überprüfen und es zufrieden und ohne Bedenken essen. In dieser Herbstsaison verbringen Entenschwärme ihre Winter in den Seen rund um die Stadt. Zum Preis von 30 Cent, unserem Geld, erhalten Sie möglicherweise eine köstliche gebratene Krickente mit frischen Erbsen und Salat und so viel duftenden Kaffee, wie Sie trinken möchten. Das Essen ist günstig, gesund und reichlich. Und was ist Zeit für

einen Koch, dessen Lohn zehn oder fünfzehn *Centavos pro Tag* beträgt ,
obwohl er über die größten Fähigkeiten verfügt!

ZUFRIEDEN MIT MEINER KAMERA

Die Stadt ist voll von schönen großen Geschäften, deren große Schaufenster
eine üppige Auswahl an kostbaren Stoffen präsentieren. In Mexiko gibt es
großen Reichtum. Es gibt auch bittere Armut. Das Einkommen der Reichen
kommt ihnen ohne Mühe aus ihren riesigen Ländereien zu, die oft in direkter
Erbschaft von den königlichen Schenkungen von Ferdinand und Isabella an
die Conquestadores *von Cortez geerbt wurden, als die fruchtbaren Ländereien der
eroberten Azteken unter den hungrigen spanischen Compañeros* aufgeteilt wurden des
Eroberers. Einige dieser Farmen oder *Haciendas* , wie sie genannt werden,
umfassen bis zu eine Million Hektar.

Mexiko ist in jeder Hinsicht ein Freihandelsland, und die Stoffe und Waren
Europas decken größtenteils die Bedürfnisse und Wünsche der Mexikaner.
Die Trockenwarenläden sind in den Händen der Franzosen, hier und da gibt
es einen Spanier aus dem alten Spanien; Die Drogerien werden von
Deutschen geführt, die alle fließend Spanisch sprechen, und das billige
Besteck und die Eisenwaren sind im Allgemeinen deutscher Herstellung. Die
Groß- und Einzelhandelslebensmittelhändler waren Spanier, aber dieser

Handel verlagert sich nun zu den Amerikanern. Es gibt einige edle Juweliergeschäfte, in deren Schaufenster Edelsteine und Goldarbeiten ausgestellt sind, die selbst einen Amerikaner blenden. Die Mexikaner erfreuen sich an Juwelen, und Männer und Frauen lieben es, ihre Finger mit funkelnden Diamanten zu zieren und ihre Vorderseiten mit vielen Goldketten zu behängen. Und Opale! Jeder wird dir Opale verkaufen!

In der Lederverarbeitung ist der Mexikaner ein Meisterkünstler. Er hat die Kunst von den geschickten Kunsthandwerkern der alten Mauren geerbt. Mäntel und Pantalons (ich verwende absichtlich das Wort *Pantalons*) und Hüte sind aus Leder, weich, leicht und elastisch wie gewebte Fasern. Und was Sättel und Zaumzeug betrifft, so ist die gesamte Ausrüstung des *Caballero* hier prächtiger gefertigt als irgendwo sonst auf der Welt.

Die Geschäfte werden früh morgens geöffnet und bleiben bis Mittag geöffnet, dann sind die meisten bis drei Uhr geschlossen, während die Angestellten ihre *Siesta* , die Mittagsruhe, einlegen dürfen. In den kühlen Abendstunden bleiben sie dann bis spät in die Nacht geöffnet.

Drüben auf der einen Seite eines kleinen Parks, unter der vorspringenden Loggia eines langen, niedrigen Gebäudes, bemerkte ich heute ein Dutzend oder mehr kleine Tische, an denen jeweils ein würdevoller, ernst aussehender Mann saß. Einige warteten auf Kunden, andere schrieben nach dem Diktat ihrer Kunden; Einige verfassten offenbar Liebesbriefe für die schüchternen, braunen *Muchachas* , die ihnen etwas zuflüsterten. Von den dreizehn Millionen Einwohnern der mexikanischen Republik können weniger als zwei Millionen lesen und schreiben. Daher ist dieser Beruf des Schreibers ein einflussreicher und gewinnbringender Beruf.

VULKAN DE POPOCATEPETL

Ich habe noch einmal die berühmte Kathedrale besichtigt, die gegenüber der Plaza Grande liegt. Vom Nordturm aus, zu dessen Spitze ich über eine wunderschöne gewundene Treppe, zweiundneunzig Wendelstufen ohne Kern, hinaufstieg, hatte ich einen Blick auf die Stadt. Nach Norden und Süden sowie nach Osten und Westen erstreckte es sich über mehrere Meilen . Es liegt unter der Sicht, eine Stadt mit Flachdächern, die Gebäude bedecken, die selten mehr als zwei Stockwerke hoch sind, aus Stein und sonnengetrockneten Ziegeln und himmelblau, rosa und gelb gestrichen oder so weiß und sauber geblieben sind wie beim ersten Bau. Wer weiß, vor wie vielen hundert Jahren? Denn hier gibt es keine Schornsteine, keinen Rauch und keinen Ruß! Im Süden konnte ich die glitzernde Oberfläche des Tezcoco-Sees erkennen und im Westen, in größerer Entfernung, die Seen Chalco und Xochomilco. Niemals fleckte eine Wolke die dunkelblaue Kuppel des Himmels. Nur bemerkte ich über mir einen Ausbruch strahlender Weiße. Es fiel mir schwer, meinen Verstand dazu zu bringen, die Tatsache zu begreifen, dass dies nichts Geringeres als der schneebedeckte Gipfel des mächtigen Popocatepetl war, der so weit entfernt war, dass Bäume, Erde und Felsen an seinem Fuß selbst in dieser durchsichtigen Atmosphäre in ständigem Dunst verborgen waren .

Es wird gesagt, dass sich die Völker nicht nur in Farbe, Form und Verhalten voneinander unterscheiden, sondern auch in ihren besonderen und individuellen Gerüchen. Den Chinesen wird gesagt, dass der Europäer ihre Geruchsnerven beleidigt, weil er so sehr nach Schaf riecht. Der Engländer schwört, dass der Italiener nach Knoblauch duftet. Der Franzose erklärt den Deutschen für unangenehm, weil seine Anwesenheit an Bierdämpfe erinnert. Genauso wurde mir gesagt, dass sich die großen Städte der Welt durch ihre Düfte unterscheiden können. Paris soll Absinth ausatmen. Man sagt, dass London nach Ale und abgestandenem Tabak riecht, und Mexiko-Stadt, glaube ich, ist vom Duft von *Pulque (Pool-Kay)* umhüllt . „ *Pulque* , gesegneter *Pulque* ", sagt der Mexikaner! *Pulque* , das große Nationalgetränk der alten Azteken, das von den spanischen Eroberern bereitwillig übernommen wurde und heute das beliebteste berauschende Getränk jedes biblischen Mexikaners ist. Als wir an den Bahnhöfen in das große Tal hinabstiegen, in dem Mexiko-Stadt liegt, reichten indische Frauen kleine braune Krüge mit *Pulque* , frisch gezapftem *Pulque* . Es war süß und kühl und köstlich, so mild wie Limonade (in diesem unfermentierten Zustand wird es *Agua Miel* , Honigwasser, genannt). Die durstigen Passagiere griffen aus den Wagenfenstern, zahlten freudig die *Cinco Centavos* (fünf Cent) und tranken sie in aller Ruhe, während der Zug weiterrollte. Über Kilometer hinweg durchquerten wir Plantagen der Maguey-Pflanze, aus der der *Pulque* gewonnen wird. Denn Pulque ist lediglich der Saft der Maguey- oder „Jahrhundertpflanze", der sich an der Basis des Blütenstiels ansammelt, kurz bevor dieser zu schießen beginnt. Der *Pulque* - Sammler steckt ein langes, hohles Rohr in den Halm, saugt es bis zum Mund voll, wobei er die Zunge als Stopfen benutzt, und bläst es dann in einen Schweinsledersack, den er auf dem Rücken trägt. Wenn die Schweinehaut mit Saft gefüllt ist, wird sie in einen Bottich geleert, und wenn der Bottich mit Schnaps gefüllt ist, wird er in ein Fass gegossen und das Fass zum nächstgelegenen Markt verschifft. Wanderhändler ziehen durch die Städte und Dörfer, tragen ein Schweinsleder *Pulque* auf den Schultern und verkaufen Getränke an alle, die durstig sind und vielleicht einen *Uno Centavo* (einen Cent) haben, um dafür zu bezahlen. Im frischen Zustand ist das Getränk köstlich und harmlos. Aber wenn die Flüssigkeit zu gären beginnt, soll sie narkotische Eigenschaften entwickeln, die sie zum besten Getränk für einen stetigen, langanhaltenden und gründlichen Trunk machen, den die Vorsehung dem Menschen zugänglich gemacht hat. Alle vierundzwanzig Stunden werden in Mexiko-Stadt Tausende Gallonen *Pulque verbraucht, und die Regierung hat strenge Gesetze erlassen, die den Verkauf von Pulque verbieten*, der älter als vierundzwanzig Stunden sein darf. Je älter es wird, desto größer ist der Alkoholkonsum und desto weniger Alkohol braucht man, um sich zu berauschen. Daher ist es das Ziel eines jeden durstigen Mexikaners, sich den ältesten *Pulque* zu besorgen, den er bekommen kann. In jedem *Pulque* -Laden, in dem nur das milde, süße *Agua Miel* , frisch und harmlos, verkauft werden soll, gibt es tatsächlich immer einen gut fermentierten Vorrat, von dem ein paar Schlucke den Geschmack umhauen sobald er es schlucken kann, wird er zum absoluten Trinker.

EIN PULQUE-HAUSIERER

Ich ging heute Nachmittag an einem *Pulque-* Laden vorbei, als mir ein großer, muskulöser Inder herauskam. Er ging stetig und nüchtern über die halbe Straße, als plötzlich das vergorene Gebräu in ihm wirkte und er sich auf der Stelle wie ein Klappmesser zusammenkrümmte. Daraufhin kamen zwei Männer aus derselben Tür, packten ihn Kopf an Kopf, und ich sah, wie sie ihn wie einen Sack Mehl in die hinterste Ecke des Ladens schleuderten, um dort vielleicht vierundzwanzig Stunden lang liegen zu bleiben er würde aus seiner narkotischen Benommenheit erwachen.

Als ich neulich nachmittags zum Heiligtum von Guadeloupe fuhr, traf ich auf viele Indianer, die die Stadt verließen, um nach Hause zu gehen. Einige trugen Lasten auf dem Rücken, andere trieben mit Gütern beladene Esel. Auf dem Rücken eines Esels war ein *Pulque-* Säufer festgebunden. Seine Beine waren um den Hals des Esels gebunden und sein Körper war fest auf dem Rücken des Esels festgebunden. Seine Augen und sein Mund waren geöffnet. Sein Kopf wedelte im Trab des Esels hin und her. Er war offenbar tot. Er hatte zu viel fermentiertes *Pulque* geschluckt . Seine *Compañeros* brachten ihn nach Hause, um ihn aus dem Stadtgefängnis zu retten.

EIN FREUND MEINES KODAK

Die Mexikaner haben eine Legende über den Ursprung ihres *Pulque*. Es lautet wie folgt: Einer ihrer mächtigen Kaiser verlor lange vor Montezumas Herrschaft bei einem Kriegseinsatz im Süden sein Herz an die Tochter eines besiegten Häuptlings und brachte sie als seine Braut nach Tenochtitlan zurück . Ihr Name war Xochitl und sie erlangte außergewöhnliche Macht über ihren Herrn, indem sie mit ihren schönen, braunen Händen ein Getränk braute, nach dem er einen gewaltigen Durst verspürte. Er konnte nie genug trinken und überließ ihr, als er vollgetankt war, zufrieden das Herrschaftsrecht. Andere aztekische Damen erkannten die wohltuende und einschläfernde Wirkung, die es auf den Kaiser hatte, erlangten das Geheimnis seiner Herstellung und sicherten den häuslichen Frieden, indem sie es auch ihren Herren verabreichten. So wurde *Pulque* zum Lieblingsgetränk aller Azteken. Der habgierige Spanier hat es schnell „kapiert" und noch nie losgelassen.

DULCE VENDER

Das einzig Positive an der *Pulque* ist, dass derjenige, der sich davon betrinkt, träge wird und nicht mehr kämpfen kann. Daher kommt es, obwohl es so häufig getrunken wird, bei denjenigen, die es trinken, kaum zu Gewaltausbrüchen.

Anders verhält es sich jedoch mit *Mescal*, einem Brandy, der aus den unteren Blättern und gerösteten Wurzeln der Maguey-Pflanze destilliert wird. Es ist der teurere und weniger allgemein schmeckende Likör. Männer, die es trinken, werden verrückt, und wenn sie davon gesättigt sind, schärfen sie ihre langen Messer und fangen an, sich mit einem echten oder eingebildeten Feind zu rächen. Glücklicherweise hat *Mescal* nur wenige hartnäckige Kunden. Es ist *Pulque*, das einschläfernde *Pulque*, das Ehren- und Nationalgetränk der Mexikaner.

VULKAN DE IZTACCIHUATL

VII
Ein mexikanischer Stierkampf

Heute Nachmittag überkam mich zunächst ein Gefühl des Ekels und dann der Wut. Ich saß direkt zwischen zwei hübschen Spanierinnen, jung und hübsch. Als eine von ihnen hereinkam, wurde sie mit dem Namen *Hermosa Paracita* (schöner kleiner Papagei) von acht oder zehn elegant gekleideten jungen Spaniern direkt hinter mir begrüßt. Die Zuschauer mit zehntausend lautstarken Kehlen hatten gerade einen *Picador angefeuert*. Er hatte eine tapfere Tat vollbracht. Er war mit seinem Pferd mit verbundenen Augen zweimal um den Ring geritten und hatte vor der jubelnden Menge seine Mütze gelüftet. Er erhielt Beifall, weil er es geschafft hatte, dass der wahnsinnige schwarze Stier den Bauch seines Pferdes so geschickt aufriss, dass alle seine Eingeweide und Eingeweide auf dem Boden schleiften, während er unter dem Reiz seiner grausamen Sporen und seines bösen Gebisses ritt , zweimal um den Ring herum, bevor er fiel, um sterbend von Maultieren herausgezerrt zu werden, fröhliche Capari-Söhne in roten und goldenen Gewändern, die an seinen Fersen zerrten! *Paracita* klatschte in ihre hübschen, juwelenbesetzten Hände und rief „ *Bravo*!" Und das taten auch viele andere hübsche Frauen; Frauen auf den reservierten Plätzen, elegante Damen und hübsche Kinder auf den hochpreisigen Logen in den oberen Rängen! Die heulende Menge von Tausenden applaudierte auch dem tapferen *Picador* ! Würde er ebenso glücklich und klug sein und es schaffen, dass das nächste Pferd mit einem einzigen Stoß der Stierhörner so vollständig aufgerissen würde? *Quien sabe?*

Die Stadt mit vierhunderttausend Einwohnern, Hauptstadt der Mexikanischen Republik, war die ganze Woche über zutiefst erschüttert über die Ankunft des berühmten Manzanillo und seiner Truppe von *Toreadoren* (Stierkämpfern) aus Spanien. Ihr erster Auftritt wäre die Eröffnungsveranstaltung der Stierkampfsaison.

Manzanillo, der berühmteste *Toreador* des alten Spaniens! Und sechs Bullen, von den berühmtesten Stämmen Mexikos und Andalusiens! Señor Limantour, Staatssekretär für Mexiko, der als Nachfolger von Präsident Diaz gilt, hatte gerade die *Jeunesse Dorée erfreut* , indem er öffentlich bekannt gab, dass er die Ehre der Präsidentschaft des neu gegründeten „Stierkampfclubs" angenommen habe. Die spanische Gesellschaft und die *Sociadad Española hatten Don* Manzanillo in seinem Hotel öffentlich ein Ständchen gebracht ! Ihm zu Ehren würde im Anschluss an die Veranstaltung ein Abendessen stattfinden! Männer und Frauen verkauften Tickets auf der Straße.

Reservierte Tickets für jeweils fünf Dollar waren nur in bestimmten Zigarrengeschäften erhältlich. Der Ansturm wäre so groß, dass man, um überhaupt ein Ticket zu bekommen, früh kaufen muss. Ich habe meine am Donnerstag gesichert und war nicht zu früh dran. Das Spektakel würde am Sonntagnachmittag um drei Uhr beginnen. Zu dieser Stunde hätten alle Kirchen ihre Gottesdienste beendet, und die Damen hätten ihr *Almuerzo gehabt* und Zeit gehabt, sich nachmittags in ihre Kostüme zu schlüpfen.

EINE BANDERILLA SETZEN

Gegen Mittag bewegte sich die gesamte Menschenmenge auf der Straße in Richtung der Stierkampfarena, ein oder zwei Meilen entfernt nahe der nordwestlichen Grenze der Stadt. Alle Straßenbahnen waren voll und es fuhren zusätzliche Wagen; Sogar alle Kutschen und Droschken waren besetzt, und die Kutscher verlangten den doppelten Preis. Ich hatte am Vortag eine Kutsche reserviert. Im Restaurant konnte ich kaum einen Happen ergattern, die Kellner und Köche waren so begierig darauf, durchzukommen und zu fliehen, selbst um einen einzigen Blick auf das Spektakel zu werfen. Als ich hinausfuhr, standen junge Damen in Gruppen vor den Toren vieler eleganter Residenzen und warteten darauf, dass ihre

Kutschen sie zum Ring brachten. Als ich mich der Arena näherte, versperrten mir die Menschenmassen auf den Straßen und Gehwegen den Weg.

Straßenrand   aufgebaut   .
Obst, *Tortillas* , dampfende Brühe und über dem Feuer geröstetes Fleisch lockten die Hungrigen. Diese Stände würden eine Vielzahl ernähren. Es war noch früh, aber die städtische Feuerwehr war bereits mit Geräten zur Stelle, um mögliche Brände in den hölzernen Sitzreihen zu löschen. Ein Bataillon berittener Polizisten saß in regelmäßigen Abständen auf ihren Schlachtpferden entlang der Straße. Ihre farbenfrohen blau-goldenen Uniformen hoben ihre dunkelbraune Haut wirkungsvoll hervor. Wir betraten ein großes Tor, gaben die Hälfte unserer Eintrittskarten ab und betraten dann eine breite Treppe. Wir stiegen zu den Sitzreihen hinauf und suchten uns gute Plätze aus. Bald darauf marschierten auch zwei Kompanien Infanterie mit eingesetzten Bajonetten ein und bezogen ihre Stellungen. Oft wird der Mob vor Blutgier so wütend, dass zur Aufrechterhaltung der Ordnung Bajonette, manchmal auch Kugeln nötig sind.

Es war eine Stunde vor der festgelegten Zeit, aber nicht zu früh. Die Menschenmassen, die auf dieser Seite alle gut gekleidet waren und von denen jeder fünf Dollar für ein Ticket bezahlt hatte, strömten immer wieder herein. Auf der anderen Seite wimmelte der billige Mob. Hinter mir stand eine Reihe junger Spanier. Sie standen auf und riefen allen ihren Freunden, die in die Reichweite ihrer Vision kamen, Spitznamen zu. Sie jubelten jeder ziemlich gut gekleideten Frau zu. Sie heulten wie verrückt, als die Truppe hereinkam, und brachen fast aus, als endlich Manzanillo, der *Toreador* , die *Matadores* , *Picadores* , die tapfere, goldgeschmückte Kompanie der Stierkämpfer, eintraten und um den Ring marschierten.

EL TORO necken

Manzanillo saß auf einem prächtigen andalusischen Ross, das tänzelte und die Vorderfüße hochwarf, als sei er sich des erhabenen Charakters seines Herrn bewusst. Dann stieg Manzanillo ab und nahm seinen Platz ein, die *Picadores* stellten ihre Pferde auf beiden Seiten auf und zogen sich die Bandagen über die Augen, um ihnen die Augen zu verbinden, andere trugen große, mit Gold bestickte rote Schals, standen aufmerksam da, die Musikkapelle schlug auf, die Tür mir gegenüber war Die Tür wurde aufgerissen und ein hübscher, schwarzbrauner Stier trottete herein. Als er das Tor passierte, erregte er die erste Aufmerksamkeit. An seinen Schultern waren zwei Rosetten aus scharlachroten und goldenen Bändern mit Stahlzähnen befestigt, die ihn ein wenig irritierten. Er stand erstaunt da. Die Menge jubelte ihm zu. Ein Mann in goldener Spitze trug prompt einen roten Schal vor seinem Gesicht. Er hat es aufgeladen. Der Mann trat leichtfüßig zur Seite und verneigte sich vor dem Publikum, das lautstark jubelte. "Bravo! Gut gemacht!" Dann wurde einem der Pferde mit verbundenen Augen die Sporen zum Stier gegeben. Der Stier war benommen und wütend. Er stürmte direkt auf den Reiter zu. Der Reiter senkte seinen Speer und traf den Stier an

der Schulter. Der Stier zuckte zur Seite. Das Publikum jubelte dem *Picador zu*
, aber der Stier drehte sich geschickt um, stürmte
auf der anderen Seite auf das Pferd zu und rammte, bevor das arme Tier sich
umdrehen konnte, seine scharfen Hörner in seinen Bauch, riss ihn auf und
warf Reiter und Pferd wie eine Wolke um aus Staub. Das Publikum jubelte
nun dem Stier zu. Ein Dutzend Männer eilten zur Rettung und zerrten den
Picador weg. Das Pferd lag da und der Stier griff es erneut an und riss erneut
weitere Eingeweide heraus. Das Publikum jubelte dem Stier zu, und der Stier,
ermutigt durch den Applaus, wandte sich erneut dem sterbenden Pferd zu.
In diesem Moment warf ein geschickter Lakai dem Stier das rote Laken ins
Gesicht und er drehte sich um, um ihn zu verfolgen. Aber alles umsonst!
Laden Sie die rote Vision so sehr auf, wie er wollte, er hat nie etwas anderes
als die Luft eingefangen! Er konnte den Mann nie fangen.

Dann sah der Stier ein anderes Pferd, das blind auf ihn zu schlich, denn
obwohl das alte Pferd die Augen verbunden hatte, konnte es den Stier und
das Blut riechen und ging nur unter dem Druck wilder Sporen und Gebiss
vorwärts. Der Stier stand einen Moment da und starrte Pferd und Reiter an,
dann stürmte er mit gesenktem Kopf direkt auf sie zu. Er erwischte das Pferd
im Bauch und riss ihm die Eingeweide heraus, die auf dem Boden schleiften,
während der tapfere *Picador* weiter darauf ritt und erneut versuchte, die
Aufmerksamkeit des Stieres auf sich zu ziehen.

Aber der Stier war jetzt müde. Er dachte an seine Bergweiden und das süße,
lange Gras im Hochland. Er würde nach Hause gehen. Er würde nicht mehr
kämpfen. Er wollte raus, er wollte unbedingt raus. Der jetzt zischende Mob
machte ihm mehr Angst als damals, als sie jubelten. Er rannte um den Ring
herum und probierte alle verschlossenen Türen aus. Er konnte sie nicht
zwingen. Dann versuchte er, über die hohe Mauer zu klettern, um trotzdem
darüber zu springen. Er war außer sich vor erbärmlicher Panik. Doch
schreiende Männer standen um die Brüstung herum und schlugen ihm mit
der Keule auf den Kopf. Also gab er auf und kehrte keuchend, mit
heraushängender Zunge und Schaum, der von seinen Kiefern tropfte, in die
Mitte des Rings zurück. Er war völlig außer sich.

DIE GÄRTEN VON CHAPULTEPEC

Jetzt war Manzanillos Chance. Er trug einen kleinen violetten, mit Goldfransen besetzten Schal über seinem linken Arm und sein langes, gerades, nacktes Schwert in der rechten Hand. Er stand direkt vor dem Stier. Er fiel ihm auf. Er schwenkte das lila Banner. Fast unmerklich näherte er sich. Der Stier stand da und starrte ihn an, die Beine weit gespreizt, die Seiten keuchend, der Schwanz peitschend, den Kopf gesenkt, müde, aber bereit zum Angriff. Dann trat Manzanillo blitzschnell auf den Stier zu, direkt vor ihm, und streckte die Hand auf Armeslänge aus, bis er das Schwert bis zum Heft genau zwischen die Schulterblätter trieb. Es war ein tödlicher Schlag, ein wunderbarer Stoß, perfekt, präzise, tödlich. Nur ein Meister seines Fachs könnte solch eine vollkommen exakte Handlung ausführen. Und blitzschnell trat Manzanillo zur Seite, verschränkte die Arme und blieb regungslos stehen, keine zehn Fuß vom Stier entfernt, um zuzusehen, wie er starb. Er verbeugte sich nur einmal vor dem Publikum. Der Spanier ist ein Kenner aller feinen und subtilen Meisterleistungen in diesem Duell zwischen Mensch und Tier. Manzanillo hatte seinen Ruf als größter lebender Stierkämpfer des alten Spaniens gefestigt. Die Nervenstärke, die Beweglichkeit, der blitzartige Akt – zu schnell, als dass das menschliche Auge ihm folgen könnte –, das perfekte Urteilsvermögen für Zeit, Entfernung und Kraft, all das hatte er jetzt gezeigt.

Das große Publikum brach in ein gleichzeitiges „Bravo" aus, stand auf und stand dann wie der *Matador* schweigend und atemlos da, um zuzusehen, wie der Stier starb – um zu sehen, wie das heiße Blut aus Mund und Nüstern, den kräftigen Schenkeln und Schultern floss zittern, die kräftigen Knie beugen sich. Die Nase sank in den Staub, die Knie zitterten, der Stier rollte tot im Sand. Manzanillo zog sein stinkendes Schwert. Erneut verneigte er sich vor der großen Menge, und kein Mensch erhielt jemals überwältigenderen Applaus als er. Blumenhaufen wurden ihm zugeworfen. Manchmal nehmen Frauen sogar ihren Schmuck ab, werfen ihn weg und küssen den Helden, wenn sie ihn später auf der Straße treffen. So groß ist die Freude der Blutgier! So ist die Hektik der römischen Arena auf einige der degenerierten Söhne Roms übergegangen. Maultiere in fröhlichem Rot und Gold zogen nun den Stier heraus, genau wie sie das Pferd hatten. Heute Abend würde es billige Eintöpfe für die Menge in der Stadt geben.

MANZANILLOS TÖDLICHER SCHUB

Der nächste Bulle war pechschwarz, groß, kräftig und wild. Er verschmähte es, ein Pferd mit verbundenen Augen anzugreifen oder aufzuspießen, aber er jagte einen Mann, wohin auch immer er kam. So ein Bulle liegt im Herzen der Spanier! Das Publikum jubelte ihm frenetisch zu. Er hat drei oder vier Pferde zerrissen, nur weil es sein musste, um an den Mann auf ihrem Rücken heranzukommen. Eines der Pferde war vom ersten Bullen zerrissen worden, aber seine staubigen Eingeweide waren zurückgelegt, die Wunde zugenäht und unter grausamer Sporen- und Gebissbewegung dem zweiten Bullen präsentiert worden, um es erneut prächtig und schließlich weit aufgerissen zu bekommen , von seinem sich verneigenden Reiter durch den Ring geritten, blutige Eingeweide im Staub schleifend, und bis zu seinem Tod von der bluthungrigen Menge applaudiert! Der zweite Bulle war wild! Die *Banderillas* wurden mit großer Gefahr und Mühe platziert. Dabei handelt es sich um zwei mit Bändern versehene Stöcke mit Stahlhaken an der Spitze, die in die Schultern des Stiers gesteckt werden, was die Reizung der Rosetten noch verstärkt und seinen Wunsch nach Rache steigert. Beim ersten Bullen wurden sie perfekt gepflanzt und drei Paare eingesetzt. Beim zweiten Bullen wurde zuerst nur eines eingesetzt, dann ein Paar, dann wieder eines. Jeder Einsatz der *Banderillas* ist eine gefährliche Leistung! Der Stier muss von vorne angegangen werden. Gerade als sie in dem wahnsinnigen Tier stecken bleiben, muss der *Banderillador* beiseite treten. Er muss schnell sein, sehr schnell, genauso schnell wie der *Toreador* , wenn es darum geht, seinen tödlichen Schwertstoß zu platzieren. Und nicht selten wird der *Banderillador* vom Stier geworfen und vielleicht aufgespießt und getötet. Daher erhält die gut gemachte Tat ohrenbetäubenden Applaus. Trotz seines grimmigen Mutes erlebte auch dieser prächtige schwarze Stier schließlich sein unvermeidliches Schicksal, unter dem vollkommen geschickten Vorstoß von Manzanillo.

Der dritte Bulle war der bisher größte und älteste. Pferde wurden von ihm in aufregender Folge zerrissen und ein *Picador* wurde unter seinem gestürzten Pferd eingeklemmt und schwer verletzt. Es war auch nicht so einfach, diesen Bullen zu töten. Der *Matador* verlor ein wenig die Nerven. Das Schwert ging nur zur Hälfte durch. Es dauerte einige Zeit, bis der Bulle innerlich blutete und starb. Mit dem Schwertgriff, der zwischen seinen Schulterblättern wedelte, versuchte er, dem *Matador zu folgen und ihn aufzuspießen* , aber seine Kraft begann nachzulassen. Er stand still, sein Kopf sank, seine Knie waren gebeugt, er kniete nieder. Und die große Zuhörerschaft stand still und stumm da und beobachtete mit freudiger Erwartung das endgültige Herannahen des Todes. Als er sich völlig tot umdrehte, schrien die hübschen Frauen in der Loge hinter mir und wedelten vor Freude mit ihren zierlichen Händen.

Der vierte Bulle wurde gerade hereingeführt, als mir die Brutalität, die Grausamkeit und das Grauen des Ganzen ziemlich übel wurden. Ich stand auf, um zu gehen. Mein Freund erzählte unseren Nachbarn, dass ich „krank" sei. Sonst hätten sie meinen Weggang mitten im Kampf nicht verstehen können. Später hörte ich, dass es eine sehr gute Leistung sei, denn wie ein kleiner mexikanischer Junge entzückt ausrief: „Sie haben sechs Bullen und dreizehn Pferde getötet!" Es war *großartig* !"

JUAREZ' GRAB UND KRÄNZE AUS SILBER

Als ich dasaß und auf die zehntausend Gesichter aller Klassen blickte, reich und arm, alle strahlend und rasend vor Blutdurst und der Freude, zu sehen, wie ein Geschöpf bis zum Tod gefoltert wird, und hörte dann den Klang der zahlreichen Kirchen Schon bevor das Spektakel zu Ende war und die Glocken zum Vespergottesdienst riefen, wurde mir klar, dass ich mich sicherlich unter einem anderen Volk befand, in einer anderen Zivilisation aufgewachsen als meiner eigenen; eine Zivilisation, die immer noch mittelalterlich und immer noch so grausam ist wie damals, als die Inquisition selbst den Fanatismus mit ihrer kultivierten Leidenschaft für Blut befriedigte! Zu meiner Schande muss ich auch sagen, dass ich heute Abend zwei junge amerikanische Damen getroffen habe, Lehrerinnen in Toluca, die mit zwei blutigen *Banderillas* nach Hause gingen, die einem der Bullen abgenommen wurden – „Trophäen, die man als Andenken behalten sollte." Sie „hatten das schöne Spektakel so sehr genossen." So degenerieren sogar meine Landsfrauen, so erwachen die Wilden in ihren Herzen!

VIII
Vom Pullman-Auto zum Mule-Back

MICHOACAN, MEXIKO,

25. November.

Nach dem Stierkampf hatten wir Schwierigkeiten, eine *Cocha zu finden* , die uns zum Bahnhof brachte. Tatsächlich konnten wir keinen bekommen. Wir waren gezwungen, uns auf *cargadores zu verlassen* , die unsere Koffer und Taschen auf dem Rücken trugen, während wir über die überfüllten Gehwege drängten. Und hier möchte ich anmerken, dass es weder auf der Straße noch auf dem Gehweg eine Vorfahrt für den Fußgänger gibt. Sie biegen nach rechts oder links ab, ganz wie es Ihnen am bequemsten ist, und Ihr Nachbar tut es auch. Man überquert auf eigene Gefahr eine Straße und betet energisch zu den Heiligen, wenn man erschöpft ist.

Wir verließen Mexiko-Stadt gegen fünf Uhr abends und fuhren mit der Schmalspurbahn nach Acambaro und Pátzcuaro, wo Pferde und ein Führer auf uns warten sollten und von wo aus wir das Hochland der Tierra Fria durchqueren und uns schließlich hinein *stürzen* würden die abgelegenen Tiefen der *Tierra Caliente* , entlang des Unterlaufs des Rio de las Balsas, wo er auf seinem Weg zum Pazifik die Grenzlinie zwischen den Bundesstaaten Michoacan und Guererro bildet.

DER BAUM, WO CORTEZ EL NOCHE TRISTE WEINTE

Als wir die Stadt verließen, durchquerten wir ausgedehnte Maguey-Felder und begannen den schweren Anstieg zu erklimmen, der uns etwa viertausend Fuß in die Höhe heben würde, bevor wir in das Tal von Toluca hinabsteigen würden, höher, aber nicht weniger fruchtbar als das Becken von Anahuac. Bevor wir sehr weit den Berg hinaufkrochen, senkte sich die Dunkelheit über uns, denn in diesen südlichen Breiten gibt es keine Dämmerung.

Wir waren zum Frühstück in Acambaro und durchquerten den ganzen Vormittag ein hügeliges, kultiviertes, bewaldetes Land, das den Blue Grass Counties Greenbrier und Monroe in West Virginia ähnelte. Hier reisten wir durch einige der schönsten Landschaften Mexikos. Dies ist eine Region mit gemäßigtem Hochland inmitten der Tropen, so hoch liegt das Land, sieben- bis achttausend Fuß über dem Meer. Es gab viel Grasland und viele Kilometer im Umkreis gab es Weizen- und Maisfelder. Hier und da wurde Getreide eingebracht, und Ochsengespanne zogen Holzpflüge, wobei die Ochsen wie in Frankreich an der Stirn zogen. Auf diesen Flächen werden jedes Jahr mehrere aufeinanderfolgende Feldfrüchte angebaut. Es gibt keine andere Düngung als das Lächeln Gottes, und diese Feldfrüchte werden hier seit tausend Jahren angebaut – wobei die Bewässerung im Allgemeinen genutzt wird, um den unsicheren Regen auszugleichen. Wir kamen an Weinbergen, Apfel-, Pfirsich- und Aprikosenplantagen , Eichen- und Kiefernwäldern und mehreren Seen vorbei, von denen Cuitzeo und Patzcuaro die größten waren – Seen, zwanzig und dreißig Meilen lang und zehn bis zwanzig Meilen breit. Noch nie hat ein anderes Fahrzeug als ein Indianerkanu ihre hellgrünen Brackwasser durchquert.

Diese Hochlandseen Mexikos sind die Rastplätze von Millionen von Enten und anderen Wasservögeln, die aus dem hohen Norden hierher kommen, um den Winter zu verbringen. Es ist ihre Ferienzeit. In Mexiko nisten und brüten sie nicht. Sie sind als wandernde Wintergäste hier. Mexiko ist der Picknickplatz aller Duckdome. Auf den Seen Tezcoco, Xochimilco und Chalco, in der Nähe von Mexiko-Stadt, ist die Vernichtung der müden Enten eine Beschäftigung für Hunderte von Indianern, da die Vögel nach ihrer langen Flucht aus subarktischen Brutgebieten so müde sind, dass es oft noch Tage dauert Sie können aus dem Wasser aufsteigen, wenn sie sich einmal darauf niedergelassen haben. Die Indianer paddeln mit Fackeln oder im Mondlicht zwischen ihnen hindurch und schlagen sie zu Tode oder sammeln sie mit Netzen oder sogar mit der Hand ein, so leichte Beute, dass sie fallen.

Viele Meilen lang umkreiste unser Zug diese schönen Wasserflächen, und die Watvögel und Schwimmer an den Ufern waren so zahm, dass sie kaum in die Luft flogen, sondern schwammen und tauchten und mit den Flügeln schlugen und zwischen den Riedgrasen spielten, als ob kein Eisenbahnzug dröhnte von. Unter ihnen suchte ich nach dem prächtigen Scharlachflamingo und dem Rosalöffler, konnte aber zufällig keine sehen, obwohl sie sich angeblich oft in diesen flachen Gewässern aufhalten, aber Pelikane, Reiher und Reiher sah ich zu Tausenden.

Die erste bedeutende Stadt, die wir erreichten, nachdem wir Acambaro verlassen hatten, war Morelia, eine Stadt mit mehr als dreißigtausend Einwohnern und die Hauptstadt des wichtigen Bundesstaates Michoacán. Die Menschen, die sich bei der Einfahrt des Zuges versammelt hatten, hatten eine etwas dunklere Farbe als die in Mexiko-Stadt, was auf eine stärkere Infusion von Indianerblut hindeutete. Hier sahen wir zum ersten Mal eine Reihe von Priestern, die in Soutane und Schaufelhut gekleidet waren, ein Kostüm, das jetzt gesetzlich verboten ist.

Auch an dieser Station stießen wir auf eine seltsame Knolle, die mit der Yamswurzel und der irischen Kartoffel verwandt zu sein schien. Die Inder backen es und reichen es Ihnen voller mehliger Weiße und äußerst wohlschmeckendem Geschmack. Der Mexikaner isst, wenn sich die Gelegenheit bietet, und da sich ihm unaufhörlich Gelegenheit bietet, isst er immer. Zumindest ist es beim Inder so. Auf den Straßen und Autobahnen werden jederzeit gekochte Speisen und Früchte verkauft. Die scharfe *Tamale* und ein Dutzend ähnlich gepfefferter und scharfer Speisen sind immer zu haben. Orangen und Zitronen, Limetten und Granatäpfel, Feigen und Bananen, Kokosnüsse und Zuckerrohr werden zu einem so niedrigen Preis verkauft, dass die Ärmsten sie kaufen können. Kandierte Früchte werden reichlich gegessen und köstliche Guavenpaste wird auf kleinen Tabletts an die Autofenster gereicht.

Unser Schlafwagen fuhr nur bis Morelia. Danach reisten wir im Tagesbus. Unsere Reisegefährten waren drei oder vier mexikanische Herren, die eng zusammenstanden und unaufhörlich Zigaretten rauchten. Im Tagesbus waren wir nun mit Menschen vom Land unterwegs. Ein großer, weißhaariger Priester in Soutane und Schaufelhut, mit nackten Füßen in schwarzen Ledersandalen, saß direkt vor mir. Ein großes Messingkruzifix von sechs bis acht Zoll Länge, das an einer schweren Messingkette um seinen Hals hing, war sein einziger Schmuck. Er interessierte sich sehr für meine Kodak und schaute zu, wie ich Schnappschüsse vom Flugpanorama machte. Er deutete an, dass er sich gerne selbst fotografieren lassen würde, und bereitete sich ernst auf die Tortur vor. Kaum hatte ich den *Pater geschnappt*, kamen mehrere seiner Gemeindemitglieder herbei und deuteten an, dass sie sich auch freuen würden, wenn ich ihre Porträts machen würde. Der Film, auf dem diese Bilder aufgenommen wurden, ging später verloren, sonst könnte ich Ihnen diese Freunde vorstellen.

PATZCUARO-SEE

Als wir uns Patzcuaro näherten, füllte sich der Wagen, und unter den Neuankömmlingen befanden sich eine Reihe hübscher *Señoritas* von erstklassigem spanischen Typ. Ihre Haut war hell, ihre Gesichtskonturen waren sanft geformt und ihre großen dunklen Augen schimmerten unter ihrem rabenschwarzen Haar. Die meisten Damen rauchten Zigaretten, denn in diesem spanisch-indischen Land ist jedes Auto ein rauchendes Auto. Nur sehr wenige Inder fuhren mit dem Zug. Für sie ist die Bahn ein zu teures Fortbewegungsmittel.

Es war nach Mittag, als wir in Pátzcuaro ankamen, einer Stadt mit vielleicht zehntausend Seelen. Viele Meilen lang waren wir den Ufern des gleichnamigen Sees gefolgt. Weit hinter dem hellgrünen Wasser fielen mir viele Inseln auf. Auf einer davon steht die Missionskirche, in der das berühmte Altargemälde aufbewahrt wird, das angeblich von Tizian stammt – ein Bild, das so heilig ist, dass es selten von weißen Männern angeschaut wurde, geschweige denn von einem ketzerischen *Gringo* . Ich hatte gehofft, trotz der eifersüchtigen Sorgfalt, mit der die Indianer es bewachen sollen, über den See fahren und das kostbare Gemälde sehen zu können, aber die Eile der Reise machte dies unmöglich.

Eine Menge fast reiner Inder versammelte sich, um den Zug zu begrüßen. Sie beobachteten uns genau, während wir verhandelten, dass unsere Koffer und Taschen auf dem Rücken eifriger *Frachter* zwei Meilen den langen Hügel hinauf zur Stadt getragen werden sollten. Wir Passagiere stiegen in einen antiken Straßenbahnwagen, der von sechs Maultieren gezogen wurde. Es war bis zum Ersticken gefüllt, die meisten Insassen waren Damen der Stadt, die heruntergefahren waren, um die Ankunft des Zuges zu sehen, und jetzt wieder zurückfuhren. Unter ihnen saß einer, dessen rissiges Gesicht, wie mir gesagt wurde, Lepra verriet, eine Krankheit, die hier keine Seltenheit ist. Nicht viele *Gringos* besuchen Patzcuaro, und unsere seltsame ausländische Kleidung und unbekannte Sprache sorgten für merkwürdige Kommentare. Unsere Maultiere kletterten im Galopp den Hügel hinauf, angetrieben von einem gnadenlosen Rohleder. Schließlich hielten wir vor einem malerischen und alten Gasthaus, La Colonia. Durch eine große offene Tür, durch die eine Kutsche fahren konnte, gelangten wir durch eine hohe weiße Mauer in einen schlecht gepflasterten Innenhof, wo uns unser Gastgeber, der Vermieter, mit einer feierlichen Zeremonie begrüßte. Anschließend führte er uns eine Steintreppe hinauf zu einer breiten, mit Steinplatten ausgelegten Piazza, die rund um das Innere des Hofes verläuft. Wir bekamen dort Zimmer, die von diesem offenen Korridor abgingen, und jede Tür war schwerfällig mit einem großen Eisenschlüssel verschlossen. Ich hatte kaum mein Quartier erreicht, als der *Cargadore* meinen Koffer hereinbrachte. Er hatte es fast so schnell zwei Meilen auf seinem Rücken getragen, wie wir mit dem Sechs-Maultier-Wagen zurückgelegt hatten. Ich zahlte ihm für diesen Dienst fünfundzwanzig Cent (mexikanisch)

(zehn Cent in US-Dollar). Er verneigte sich dankbar vor meinem
großzügigen Honorar.

UNSER AUFTRITT – FONDA DILIGENCIA

Das Gasthaus liegt an einem breiten *Platz* , der von vielen alten Stein- und
Lehmgebäuden umgeben ist, denn Patzcuaro ist eine alte Stadt und war die
Hauptstadt von Tarascon, bevor Cortez und seine *Eroberer* sie zur Hauptstadt
einer spanischen Provinz machten. Auf einer Seite des *Platzes* befindet sich
eine große Kirche mit Türmen, daneben stehen die ausgedehnten,
zerfallenden Mauern eines abgerissenen Klosters. Auf der
gegenüberliegenden Seite befinden sich viele kleine Läden, und auf den
anderen beiden befinden sich Gasthäuser der Stadt mit ihren weitläufigen
Innenhöfen, in denen sich ständig bewegende Ströme von Reitern,
Maultiertreibern und Packtieren versammeln und zerstreuen. Patzcuaro ist
das Tor, durch das ein großer Handel von Tausenden von Lasttieren und
indianischen Fuhrleuten in das ganze Land im Südwesten, sogar nach La
Union am Pazifik, hundert Meilen entfernt, abgewickelt wird. Bis vor kurzem
verlief hier auch ein großer Teil des Verkehrs, der den Rio de las Balsas und
die Kordilleren nach Acapulco überquerte.

Meine Reisegefährten sind drei. Da ist „Tio", wie wir ihn bekanntermaßen
nennen, der Leiter unseres Unternehmens. Er ist ein riesengroßer Bergsteiger
des Mittleren Westens, der sein Leben damit verbracht hat, die Rocky
Mountains
und die Kordilleren von Kanada bis Mittelamerika zu erforschen. Wie alle

dieser schnell verschwindenden Rasse, der einsame Goldsucher, ist er visionär und zuversichtlich im Temperament und ein entzückender Begleiter für einen Sprung in die wilden und einsamen Regionen der Kordilleren. Seine Fantasie wird auf ewig durch die *Reize* des Mineralreichtums beflügelt, und er hat hundert Vermögen entdeckt, ausgebeutet und verloren, ohne dass der Gold-, Silber- und Kupferhunger nachgelassen hat, der unaufhörlich an seinen Lebensnerven nagt. Seine Muskeln sind aus Eisen, seine Stimme ist tief und klangvoll. Von Natur aus freundlich, hat ihn sein einsames Leben zurückhaltend und eigenständig gemacht. Nur nebenbei erfahre ich von seiner Vergangenheit. Eine leichte Narbe auf dem Rücken seiner rechten Hand ist alles, was von der Zerschmetterung eines *vom Mescal wütenden Indianers zeugt, der einst mit einem mörderischen Cuchillo* mit zwei Klingen gegen ihn antrat ; Ein Kugelstreif auf seiner Stirn ist sein einziger Hinweis auf ein Duell auf Leben und Tod, bei dem, so wird geflüstert, einst die schwarzen Augen einer *Señorita im Spiel waren.* Grimmig, schroff und schweigsam erklärt er sich selbst zum Mann des Friedens, und niemand ist da, der diese Ruhe stören möchte. Doch trotz seiner Sparmaßnahmen hat Tio eine Schwäche. Er ist nicht gerade eitel, wenn es darum geht, die idiomatischen Feinheiten der iberischen Sprache zu beherrschen. Nichts bereitet ihm mehr Freude, als einen bescheidenen *Landsmann* durch das klangvolle Gebrüll einer Anrede in der Umgangssprache Spanisch oder Tarascon zu beunruhigen . Er reitet neben mir und macht mich mit der Geschichte, Geographie und den wahrscheinlichen Bodenschätzen des Landes, das wir durchqueren, vertraut.

Das aufgelöste Kloster – Patzcuaro

Dann ist da noch „El Padre", wie wir ihn nennen, der sich unserer Gruppe als Gast anschließt und der Freude und dem Nutzen dient, die wilderen, abgelegeneren Teile des großen Bundesstaates Michoacán zu erkunden. Er ist praktisch der vorsitzende Bischof der Baptist Missionaries of Mexico, denn als Generalsekretär besucht er ihre verschiedenen Stationen, verwaltet die vom Vorstand aus Richmond, Virginia, überwiesenen Gelder und leistet unschätzbare Arbeit bei der Organisation und Leitung der gemeinsamen Propaganda. Er ist gebürtiger Tennesseer, Absolvent der Universität dieses Staates, ein kultivierter, gelehrter Mann, der klassisches Spanisch spricht und auch die lokalen Dialekte beherrscht. Ich finde, dass er von den führenden Mexikanern, die wir treffen, großen Respekt vor ihm hat und dass er ein überaus entzückender und intelligenter Kamerad ist. Er versteht es geschickt, all die kleinen Annehmlichkeiten des Lagers anzupassen, die nur der geübte Reisende kennen kann, und durch seine Gutmütigkeit und Höflichkeit gewinnt er das Wohlwollen von *Señor* und *Peon* gleichermaßen, während sogar die römischen *Padres* , mit denen wir zu tun haben, seine Grüße erwidern freundliche Begrüßung.

Izus Hernandes, unser *Mozo* , rundet die Party ab. Er lebt in Pátzcuaro, wo *Señora* Hernandes seine zahlreiche Brut großzieht, denn er ist Vater von elf lebenden Kindern. Er ist klein und schlank, sein Gesicht ist von einem dunkelschwarzen Bart bedeckt. Seine Farbe ist blassbraun und wie der Großteil der Bevölkerung hier fließt viel Tarascon-Blut in seinen Adern. Seine Manieren sind sanft und höflich, sogar höflich gegenüber Tio, El Padre und mir, aber seine Befehle gegenüber den Pferdejungen und Stallknechts der *Ranchos* und *Fondas* , wo wir Halt machen, sind scharf und gebieterisch. Er hat sein Leben damit verbracht, diese Wege zwischen Patzcuaro und La Union und Acapulco zu durchqueren, Lasttiergruppen zu treiben und als Eskorte für Gruppen von *Dons* und *Doñas zu fungieren* , wenn treue Wachen gefragt waren. Er versorgt seine eigenen Lasttiere, ist ein Meister im Anschnallen einer Ladung, schließt alle Geschäfte ab und bezahlt alle Rechnungen in unserem Namen. Er ist unser Kurier und Lagerdiener zugleich. Und er erweist sich als würdig seiner Miete – zwei Silberpesos (80 Cent in den USA) pro Tag –, denn er lässt uns während der gesamten Reise nie im Stich.

Unsere Pferde wurden sorgfältig ausgewählt und neu beschlagen. Tio reitet auf einer tapferen weißen Stute, während El Padre auf einem kastanienbraunen Sauerampfer reitet, der schlank und robust für den Weg ist und einen riesigen Gang hat, ein berühmtes Pferd für anstrengende Bergtouren. Für mich selbst wurde das edelste Reittier reserviert, ein schwarzes Maultier mit eisernen Gliedmaßen – das Maultier ist das königliche und verehrte Satteltier in allen spanischen Ländern – ein Tier, das Isus' kluge Wahl deutlich beweist.

IZUS UND EL PADRE

Da unser Kommen erwartet wurde, waren Vorkehrungen für unsere weitere Reise in den Süden getroffen. Unser *Mozo* erwartete uns im Hof der Fonda Diligencia mit den vier Satteltieren und zwei Lasttieren, einem schwarzen Bronco und einem kräftigen weißen Packesel. Wir hatten bequeme Klappbetten dabei, die wir zu kompakten Bündeln zusammenrollen konnten, und zusätzliches Essen gegen knappe Rationen, wenn wir die Grenzen von Guerrero erreichen sollten. Wir werden mit riesigen mexikanischen *Sombreros* aus leicht geflochtenem Stroh ausgestattet, die uns fünfzehn *Centavos* pro Stück kosten, wobei die hohe, spitze Krone und die weit reichende Krempe Kopf und Hals vollständig vor der Sonne schützen.

Wir haben schwere Kleidung und Flanellstoffe für unsere Reise durch das Hochland der *Tierra Fria* bei uns und auch dünnste Kleidungsstücke aus Leinen und Wolle, um uns vor der sengenden Sonne zu schützen, wenn wir in die heißen Ebenen der *Tierra Caliente hinabsteigen* . Ich habe ein Paar riesige mexikanische Sporen gekauft und das Maul meines Maultiers ist mit einer

Masse bösen Eisens verstopft, das dazu bestimmt ist, den Kiefer mit wenig Kraftaufwand zu brechen, wenn ich stark genug an meinem Zaumzeug aus Rohleder ziehe. Auf der einen Seite meines Sattelknaufs hängt ein Stachel aus rohem Leder, und auf der anderen Seite hängt mein Colt-Revolver mit langem Lauf, geladen und sofort einsatzbereit. Wir sind alle bewaffnet und unser *Mozo* hat ein beeindruckendes und uraltes Schwert an der linken Sattelseite unter seinem Bein befestigt.

Wir speisten im Speisesaal der Colonia mit niedriger Decke bei einem gut servierten Abendessen aus gekochtem Reis, gekochtem Hühnchen, Yamswurzeln und Paprika sowie Tassen starken schwarzen Kaffee, getrunken mit Zucker, aber ohne Milch. Unsere Stadtkleidung bleibt in einem Zimmer zurück, dessen Miete wir zwei Wochen im Voraus bezahlt haben und dessen großen Eisenschlüssel wir mitnehmen.

Unser fremdes Aussehen und Verhalten erregte in der Stadt große Aufmerksamkeit. Eine Menschenmenge versammelte sich im Hof der *Fonda* , um uns zu verabschieden. Unser Kommen und Gehen waren Ereignisse. Es war auch nicht ganz einfach, unsere Ausrüstung sicher zu verpacken und richtig auf den Tieren zu balancieren. Aber Izus war ein Experte und mit vielen Metern Palmetto-Seil konnte er schließlich die Lasten festziehen. Auf ein Wort von ihm trotteten die Lasttiere aus dem Hof *der Fonda* , er folgte ihnen, während wir die Nachhut bildeten. „ *Adios, adios, señores* “, rief die Menge. „ *Adios, adios* “, antworteten wir.

Unsere Tiere kannten die Straße perfekt. Sie hatten es schon oft bereist. Wir schlängelten uns durch enge Gassen, kamen an mehreren breiten *Plätzen* vorbei, bogen dann eine Straße hinauf, die breiter war als die anderen, und begannen den Aufstieg zu den Hügeln, die hinter der Stadt liegen.

IX
Eine Reise über hohe Hochebenen

Als wir uns immer höher und höher dem Gipfel der Hügel näherten, schmiegte sich die Stadt unter uns halb versteckt zwischen schattenspendenden Bäumen, Orangen-, Aprikosen- und Feigenhainen, während sich dahinter, in Richtung Nordosten, die hellgrüne Weite der Schönheit erstreckte Pátzcuaro-See. Das Panorama vor mir, als ich mich in meinem Sattel umdrehte, um es zu betrachten, bot einen Ausblick auf Wald und Wasser, auf fruchtbares, kultiviertes, dicht besiedeltes Land, das das Auge von allen Seiten erfreute. Wir durchquerten ein Land, das eines der heilsamsten Klimazonen der Welt genoss.

Wir waren gegen vier Uhr nachmittags aufgebrochen, und bevor wir viele Meilen geritten waren, begannen die Schatten über die Landschaft zu kriechen, und dann, plötzlich wie das Fallen eines Vorhangs, senkte sich die Fülle der Nacht. Diese Abwesenheit der Dämmerung überrascht mich immer wieder. Ich habe mich noch nicht an dieses sofortige Erlöschen des Tages gewöhnt. Das plötzliche Verschwinden der Sonne bereitete mir jedoch kein Unbehagen, trotz des schrecklichen Zustands der labyrinthischen Pfade, durch die wir uns schlängelten, denn der Mond stand in Vollmond. Es glänzte mit der Pracht und Kraft, die unsere Höhe und tropische Breite gewährleisteten. Wir befanden uns mehr als siebentausend Fuß über dem Meer und stiegen jede Meile höher. Die dünne, durchscheinende Atmosphäre verlieh dem Mond eine wunderbare Beleuchtungsqualität. Es leuchtete weiß und strahlend, mit einer Brillanz, die das Lesen einer Zeitung mit Leichtigkeit ermöglichte. Die Landschaft, die weiten Flächen kultivierter Felder, die Tausenden Hektar Mais und Weizen und das hügelige Grasland, die dichten Gehölze und dornigen, von Weinreben umrankten Dickichte, die kilometerlangen Maguey-Plantagen, die Obstgärten mit Äpfeln, Aprikosen, Zitronen usw aus Linden lagen beleuchtet und deutlich in dem seltsamen weißen Licht, das sich mit fast der gleichen Lebendigkeit zeigte wie am Tag. Nur die Schatten waren dunkel, scharf und schwarz und fest. Mehrere Meilen lang ritten wir durch Eichen- und Kiefernwälder, wobei unsere kleine Karawane in der Schwärze des Schattens und dann im Licht des Mondstrahls auftauchte und verschwand, in ständigem Verstecken. Wir kamen an Scharen von Dutzenden oder mehr Lasttieren vorbei, die im Allgemeinen von einer Glockenstute angeführt wurden, gefolgt von zwei oder drei *Cherros* in *Zerape* und flatterndem *Sombrero* sowie vielen *Eseln* , die im Allgemeinen von Indianern getrieben wurden. Hier und da stießen wir auf ein loderndes Feuer am Wegesrand, wo die *Cargadores* über Nacht campierten , *Tortillas* und kochende *Frijoles rösteten* oder in ihre *Zerapes gehüllt* , das Kinn zwischen den Knien, vor der flackernden Glut schliefen.

DIE AUTOBAHN ZUM PAZIFIK

Es war neun Uhr, als die weißen Mauern von Santa Clara vor uns leuchteten. Wir sahen eine lange gepflasterte Straße, die an einem kleinen *Platz* mit großen, uralten Bäumen endete. Entlang der Straße befanden sich nur hohe, kahle, weiße Lehmwände, selten schien ein Lichtschimmer durch ein kleines und hoch oben gelegenes Fenster. Auf halber Strecke dieser Straße bogen wir in einen breiten Eingang ein und gelangten durch das niedrige, umlaufende Gebäude in einen großen, mit Steinen gepflasterten Innenhof. Hier wurden die Rücken von dreißig oder vierzig Maultieren aus dem Tiefland des Pazifiks mit Kokosnüssen, Salz und getrockneten Palmblättern zur Herstellung von Seilen und Matten abgeladen. Fahrer und Stallburschen fluchten melodisch auf Spanisch und Tarascon. Überall herrschte große Aufregung und niemand schenkte uns die geringste Beachtung. Wir blieben stehen und stiegen ab. Unser *Mozo* Izus hat sich um unsere Tiere gekümmert. Ein dunkelhäutiger, stämmiger Mexikaner befahl uns, unsere persönlichen Sachen in einem kleinen Raum unterzubringen, wo bald auch unser Gepäck untergebracht wurde. Dann schloss er die Tür ab und gab uns einen großen Eisenschlüssel als Beweis für den Besitz. In einem anderen Haus, weiter die Straße entlang, trafen wir auf eine alte Indianerin, die uns gekochten Reis, Paprika und eine Schüssel mit geschmortem Hühnchen schenkte und Tassen mit kochend heißem Wasser und einen kleinen Tonkrug mit schwarzem, starkem Kaffeeessenz vor uns hinstellte . Ein paar Löffel davon, ins Wasser gegeben, ergaben mir eine köstliche Tasse duftenden Getränks, und ein Stück brauner einheimischer Zucker versüßte es perfekt. Ich empfehle diese Methode der Kaffeezubereitung. Jede Hausfrau in Mexiko röstet, mahlt und tropft durch kleine Flanellbeutel ihre eigene Kaffeeessenz. Sie hat es immer griffbereit. Auf dem Lehmofen köchelt immer heißes Wasser, und es ist nur ein Augenblick, den Reisenden mit so viel duftendem, belebendem Getränk zu versorgen, wie er benötigt.

In einem anderen Haus auf der anderen Straßenseite wurden wir für die Nacht untergebracht. Uns wurde ein einzelner, großer Raum mit hoher Decke neben einem großen, luftigen Hof zugewiesen. Die eisernen Bettgestelle waren schmal, jedes hatte eine dünne Matratze und keine Federn, aber es gab selbstgeflochtene Decken, in die wir uns wälzen konnten, und am Morgen wurden uns Becken aus geschlagenem Kupfer zum Waschen gebracht, in die Wasser aus eleganten Krügen aus ähnlichem Metall gegossen wurde ; Beweise für das Überleben einer einheimischen Industrie, für die diese Region und Stadt seit den Tagen der Tarascon-Herrschaft berühmt sind. Ich bemühte mich, diese schönen Kupfergeräte zu kaufen, aber meine Gastgeberin wollte keinen Preis dafür verlangen, obwohl ich ihr in meinem Eifer, sie zu besitzen, wirklich eine große Summe anbot. Es seien Erbstücke, sagte sie, und zu kostbar, als dass man sie für Geld hätte nutzen können.

In der Nähe von Ario

Die Nacht war kalt, fast frostig. Auf diesen Hochebenen, anderthalb Meilen über dem Meer, strahlt die Sonne die Hitze stark ab und das Thermometer liegt das ganze Jahr über am Morgen nahe bei 39 Grad (Fahrenheit).

Wir waren rechtzeitig auf, außerhalb der Stadt und wieder zwischen bebauten Feldern, Obstgärten und Kiefern- und Eichenwäldern, bevor die Sonne überhaupt drückend wurde.

Bisher habe ich in Mexiko nicht viele Vögel gesehen, nur die Wasservögel entlang der Seen und ein paar Finken im Dickicht entlang des Weges. Heute sind wir in Begleitung vieler Raben gereist. Sie sind zahm und gesellig, so häufig ist der Anblick von Maultieren und Männern entlang dieser vielbefahrenen Straße.

Santa Clara liegt fast auf der Höhe des Landes. Siebentausendzweihundert Fuß über dem Meer, erklärte mein Aneroid, und von dieser Höhe aus begannen wir abzusteigen. Die dreißig Meilen bis Ario sind ein stetiger Abstieg, ein allmähliches Gefälle von zwölfhundert Fuß.

Das ganze Land besteht aus riesigen *Haciendas* mit einer Fläche von Tausenden von Hektar und befindet sich hauptsächlich im Besitz nichtansässiger Landbesitzer, die selten, wenn überhaupt, ihre Besitztümer besichtigen, sondern sich bei der Verwaltung und Bewirtschaftung und bei der Erpressung eines Einkommens aus dem unglücklichen Landsmann ganz auf die Aufseher verlassen. Es ist ein Land großer Fruchtbarkeit. Es werden nur die primitivsten Methoden der Landwirtschaft eingesetzt und die Arbeit wird auf die ineffizienteste Weise erledigt. Dennoch werden dem Land große Einkünfte entzogen und von dem fernen *Haziendado* in seiner Stadtheimat in Mexiko, in Paris oder Madrid ausgegeben. Diese Ländereien sollen für etwa zehn (mexikanische) Dollar pro Acre vermarktbar (käuflich) sein, also etwa vier Dollar in US-Dollar. Während ich entlang gefahren bin und Kilometer für Kilometer diese hervorragende Fruchtbarkeit in einem das ganze Jahr über gemäßigten Klima betrachtet habe, habe ich viel darüber nachgedacht, was für ein Garten das gewesen sein könnte und vielleicht auch sein wird, wenn der sparsame Amerikaner ihn jemals haben wird es im Besitz.

Gegen Mittag begannen wir, einen breiteren Blick auf die Landschaft zu gewinnen, die sich nach Süden und Westen vor uns öffnete. Unsere Höhe verringerte sich stetig, und viele Meilen entfernt schien das Land plötzlich in tiefe und unbestimmte Tiefen abzufallen, wodurch der Eindruck tropischer Vegetation entstand und die gesamte Fläche am Horizont durch blaue und gezackte Linien hoher Höhen hinterlegt war Gebirgsketten, Gipfel und Gipfel, die manchmal weit im Südwesten den Zenit durchdrangen. Es handelte sich um die mächtigen Kordilleren von Guerrero, hundert Meilen entfernt und den Pazifischen Ozean direkt dahinter nicht sichtbar. An einem völlig klaren Tag, heißt es, könne man auch weit im Nordwesten die schneebedeckten Kegel von Colima sehen, aber so sehr wir auch hinschauten, wir konnten keinen Blick auf den mächtigen Vulkan erhaschen.

In Mexiko werden Tausende von Rindern gezüchtet, und wir kamen an vielen großen Herden vorbei, die nach Pátzcuaro getrieben wurden. Sie wurden von lautstarken *Vaqueros vorangetrieben* , die musikalisch die immensen und schwerfälligen spanischen Eide schworen – doch wir haben fast keine Milchkühe gesehen, und die wenigen, die wir sahen, waren diejenigen, die in einem *Stall* dicht neben einem breiten strohgedeckten Gebäude versammelt waren, das als „Milch" bekannt ist Ranch", ein Betrieb, in dem Milch gesammelt und ins nahegelegene Ario verschifft wird und Butter und Käse für den sofortigen Verkauf hergestellt werden. Ein Kreuz auf dem Giebel zeigte an, dass es unter dem Schutz der Jungfrau stand, und ich hoffe, dass es seinen Gönnern unverfälschte Milch lieferte. Von meinem Sattel aus habe ich einen Schnappschuss der Ranch gemacht und schicke Ihnen das hübsche Bild.

Unsere Straße zeigte nun Anzeichen dafür, dass sie in einem besseren Zustand war. Schließlich verschmolz das Labyrinth aus verschlungenen Wegen, auf denen wir gereist waren, und der alte Bürgersteig schien nun intakt zu sein. Zu beiden Seiten wölbten sich hohe, weitläufige Eschen über die perfekte Straße, unter ihnen standen geschnitzte Steinbänke, und wir befanden uns in der wichtigen Stadt Ario. Es ist ein Ort mit mehr als fünftausend Einwohnern, die Kreisstadt des Distrikts, die Heimat des *Jefe Politico* (des „politischen Chefs", Bürgermeisters, Gouverneurs, Chefs und Richters), durch dessen eiserne Herrschaft die Zentralregierung herrscht Diaz behält seine feste Kontrolle.

Wir kamen an einer alten Kirche vorbei, bogen nach rechts ab, betraten einen breiten Eingang und blieben in einem gut gepflasterten Hof stehen, in dessen Mitte ein Brunnen inmitten vieler blühender Pflanzen und Käfige mit bunt gefiederten Vögeln plätscherte. Es war das Hotel Morelos. Wir waren am Ende unserer Reise in den Highlands. Wir waren in der letzten Stadt der *Tierra Fria angekommen* . Wir befanden uns am Rande des heißen Landes, der *Tierra Caliente* , die sich vor uns erstreckte, einen kurzen Tagesritt entfernt und sechstausend Fuß unter uns.

Eine Milchfarm – in der Nähe von Ario

X
Ein Provinzdespot und seine Residenz

Vorgestern habe ich Ihnen aus der seltsamen und ältesten Stadt Ario geschrieben, Ihnen aber aus Zeitmangel nicht alles erzählt, was ich hätte sagen können. Die Stadt liegt am Rande des Hochlandes, der *Tierra Fria* . Als die Spanier es vor mehreren Jahrhunderten gründeten, platzierten sie es mit strategischem Urteilsvermögen an einem Punkt, der es ihm ermöglichen würde, die verschiedenen Wege zu beherrschen, die hier in das heiße Tiefland und weiter zum Pazifik führen. Wie üblich platzierten sie es an einem Hang, um eine perfektere Entwässerung zu gewährleisten, denn damals wussten die Sanitäringenieure des alten Spaniens besser, wie man gesunde Städte gewährleistet, als die barbarischeren Engländer und die weniger zivilisierten Völker Nordeuropas.

Die Straßen von Ario, einschließlich aller Gassen, sind mit scharfen, flachen Steinen gepflastert, die an den Kanten befestigt und festgekeilt sind. Der Bürgersteig verläuft von Wand zu Wand und hat in der Mitte eine niedrige Steinrinne, in die alle Abflüsse der Häuser münden jeder Seite. Entlang dieser zentralen Dachrinnen fließen unaufhörlich fließende Wasserströme, die die Stadt stets sauber halten. Die gleiche Art der Straßenpflasterung und -entwässerung ist, wo immer möglich, in jeder mexikanischen Stadt vorherrschend. Zu jeder Stadt wurde Wasser früher durch umfangreiche und oft kostspielige Aquädukte transportiert; modern, durch sorgfältig verlegte Rohrleitungen. Während der Jahrhunderte der spanischen Herrschaft verfügten diese Städte über eine saubere, reichliche und kostenlose Wasserversorgung für die ärmsten Einwohner. In Mexiko gibt es keine Wassergebühren. Wasser gilt als eine Gabe Gottes, auf die jeder Mensch und jedes Tier ein unveräußerliches Recht hat. Dafür eine Gebühr zu erheben, würde als unanständig und kriminell angesehen werden. Auf der Rancho Tejemanil bot ich einem Jungen einen *Centavo an* , weil er mir eine Tasse kaltes Wasser gebracht hatte. Er weigerte sich, die Münze zu nehmen und sie auf den Boden fallen zu lassen, anstatt sich dadurch zu blamieren, dass er sie auch nur berührte. Er wandte sich ab, die Münze lag dort, wo sie hingefallen war. Ich entschuldigte mich beim Hausherrn dafür, dass ich ihm Geld für einen Schluck Wasser angeboten hatte. Er antwortete und sagte: „ *Si, Si Señor!* „Wasser ist in der Tat ein Geschenk Gottes, für das kein Mensch bezahlen sollte."

Obwohl Ario in der Nähe ausgedehnter Kiefern- und Eichenwälder liegt, sind alle Gebäude aus Stein und Zement, Mörtel und sonnengetrockneten

Lehmziegeln gebaut. Tatsächlich habe ich in Mexiko keine Holzgebäude gesehen. Infolgedessen durchdringt mexikanische Städte und sogar Dörfer eine Atmosphäre von beträchtlicher Solidität, die in amerikanischen Holzstädten völlig fehlt.

DER AUTOR – PLAZA GRANDE – ARIO

Wir überbrachten Briefe an den Jefe Politico, *Señor Don* Louis Salchaga, den Despoten des Kreises und Gouverneur der Eisernen Hand. Er hatte einen kräftigen Körperbau; groß, breitschultrig, kräftig, mit kräftigem, eckigem Kinn und gebieterischem Blick. Sein Haar war fast weißlich grau; und ein ausladender Schnurrbart verstärkten die allgemeine Beeindruckung seines Gesichtsausdrucks. Er trug eine Militäruniform aus Leinen. Er begrüßte uns mit höflicher spanischer Liebenswürdigkeit. Er wohnt in einem zweistöckigen Steinhaus an der Kreuzung zweier Straßen, von denen eine vom *Platz ausgeht* . Als wir durch eine schmale Seitentür eintraten, befanden wir uns in einem kleinen, mit Zement gepflasterten Raum, dessen Steinwände früher vielleicht weiß vor Kalk waren. Don Louis saß an einem Tisch und prüfte die Papiere, die ihm ein dunkelgesichtiger Jugendlicher reichte, der an seiner Seite stand. Als wir eintraten, unterschrieb er sie hastig, schob sie dem Angestellten hin und erhob sich, um uns zu begrüßen. Später erfuhren wir, um welche Dokumente es sich handelte: eines davon war ein Dekret zur Beilegung eines Rechtsstreits, das andere ein Befehl, einen Gefangenen von einem Gefängnis in ein anderes zu verlegen, das einige Meilen entfernt liegt.

Ein solcher Befehl kommt in diesem Land der eisernen Hand einem Todesurteil gleich. Unterwegs soll der Gefangene „einen Fluchtversuch" unternommen haben. Notwendigerweise wurden sie gezwungen, ihn zu erschießen. Er ist dort begraben, wo er fällt.

Don Louis drängte uns, an diesem Abend um sieben Uhr bei ihm zu speisen, nachdem er zuvor meine spanischsprachigen Freunde höflich gefragt hatte, ob „ *El Señor de Estados Unidos tiene dinero?*" „(Hat der Herr aus den Vereinigten Staaten Geld?) Meine Freunde antworteten: „ *Si, Si, Señor, mucho dinero* " („Ja, ja, Sir, viel Geld;"), also wurden wir zum Essen eingeladen! Wahrscheinlich ist von allen Menschen auf diesem Planeten niemand besser darin, den *Dinero* aus der amerikanischen Tasche zu ziehen, als die liebenswürdigen Lateinamerikaner des Südens. Wenn Sie Geld haben, öffnen die Gesetze ihre Tore weit, und alle Regierungsbeamten klopfen Ihnen auf die Schulter und stehlen dabei nur ein wenig aus Ihrer ahnungslosen Tasche. Sogar der *Pater* und der Erzbischof werden Sie für den angemessenen Goldzoll durch die schnelleren Wege zu den Toren des Paradieses drängen.

Um sieben Uhr war es dunkel; die Sterne leuchteten groß; der Mond war noch nicht aufgegangen. Die Stadt stand in Flammen mit elektrischem Licht. Bei diesem zweiten Besuch gingen wir nicht zur Bürotür, sondern betraten den weit gewölbten Eingang für Mensch und Tier. Wir kamen auf die übliche quadratische *Terrasse* , wo das Wasser plätscherte und tropische Pflanzen, viele davon in Blüte, in Töpfen aufgestellt waren. *Don* Louis begrüßte uns, als wir eintraten. Er schüttelte allen Anwesenden zweimal die Hand. Er führte uns über den Hof zur anderen Seite und in den Speisesaal, einen Raum mit Stein- und Zementwänden und Steinfliesenboden, völlig ohne Verzierungen. Kein Tuch bedeckte den schlichten Holztisch. An beiden Seiten der Wand standen Holzbänke. Er stellte uns seine Frau *Doña* Maria und einen kleinen Enkel vor, der zwölf Jahre alt war . Die *Doña* war für eine Mexikanerin groß und kräftig. Ihr Haar war weiß, in der Mitte gescheitelt und glatt aus der Stirn gekämmt. Sie trug einen leichten weißen Musselin. Sie zeigte keine Juwelen, obwohl sie zweifellos welche besaß. *Don* Louis trug einen riesigen Diamanten an seinem linken Mittelfinger, während eine schwere Goldkette um seinen Hals eine große goldene Uhr befestigte.

Unsere Gastgeberin konnte kein Englisch, aber unser Gastgeber sagte, er könne es lesen und verstehen, „sehr langsam gesprochen, ein Leetel"; „Aber der Enkel", sagte er, „hatte einen Lehrer, der ihm Englisch beibrachte – einen jungen Mann, der sechs Monate in San Antonio in Texas gelebt hatte und dort die nördliche Sprache beherrschte!" Das Essen war einfach. Einer sehr guten Suppe mit dem Duft von Knoblauch und Paprika folgte gekochter Reis und geschmortes Hühnchen, ein *Dulce* , einige wirklich köstliche eingelegte Guaven und Käse. Dann wurden Tassen mit heißem Wasser und die kleine Kanne Kaffeeessenz vor uns gestellt und wir „kaffeeten" das Wasser nach unserem Geschmack. Gerade als ich vermutete, dass wir am Ende waren, kam ein Diener herein und stellte jedem von uns einen Suppenteller mit *Frijoles* mit einem großen Löffel hin. Kein Mexikaner betrachtet ein Abendessen ohne *Frijoles als richtig abgeschlossen* . Ich hatte von *Frijoles gehört* . Mir wurde gesagt, dass *Tortillas* und *Frijoles* die Grundbestandteile des mexikanischen Lebens seien. Jetzt lagen die *Frijoles* vor mir. Was waren Sie? Auf meinem Teller befanden sich nichts als große schwarze Bohnen, die in einer dünnen Suppe schwammen. Vielleicht hätte das Wasser abgegossen werden sollen, ich weiß es nicht, aber die Bohnen schwammen und die Flüssigkeit war dünn. Und *Don* Louis schöpfte sie mit offensichtlichem Genuss in seinen Mund! *Vivan frijoles!*

Don Louis hatte drei Jahre in Ario gelebt. Er stammte aus dem Bundesstaat Toreon. Wie lange würde er in Ario bleiben? Er wusste nicht. *Quien sabe?* El Presidente Diaz schickte ihn hierhin und dorthin, in solche Staaten und Bezirke, die einen vertrauenswürdigen Leutnant brauchten, dessen Lächeln wohlwollend war und dessen Hand stahlhart war.

Als Antwort auf die Briefe, die wir trugen, gab uns *Señor Don* Louis weitere Briefe an die Oberhäupter des *Distrito* – eine Art runder Pauschalbrief – und deutete an, dass er am nächsten Tag einen Teil des Weges mit uns gehen würde, was auch geschah pass, dass er es getan hat.

DIE FERNE KORDILLERA

Später am Abend besuchten wir auch *Señor Don* Juan Rodrigues Tarco, einen der führenden Bürger von Ario, einen angesehenen Anwalt, der uns Briefe an den Superintendenten der Mina El Puerto in Churumuco am Fluss Balsas überreichte. Wir trafen ihn in seinem Haus. Durch eine schlichte Tür, durch die man fahren könnte, kamen wir auf eine *Terrasse* mit vielen blühenden Pflanzen und Palmen und einem Brunnen. In der Nähe des Eingangs, auf der linken Seite, betraten wir den Empfangsraum. Es handelte sich um einen großen Raum mit hoher Decke, hübsch gefliestem Boden, Palmenteppichen, modernen französischen Möbeln aus Rohrgeflecht sowie geschmackvollen Fresken an Wänden und Decke. An den Wänden hingen einige schöne Bilder, ein neues Klavier und mehrere Bücherregale aus Mahagoni, deren Regale gut mit Büchern gefüllt waren, hauptsächlich auf Spanisch, einige auf Französisch und Englisch. Es gab Porzellanvasen und schöne moderne Lampen. In jeder Stadt würde man dies als einen Raum der Eleganz betrachten, und wenn man bedenkt, dass jeder Luxus, den wir sahen, auf dem Rücken von Männern und Maultieren mehr als fünfzig Meilen über schreckliche Pfade transportiert worden war!

El Señor war ein kleiner, dunkler Mann, wachsam in seinen Bewegungen und schnell im Kopf, ein Gentleman, der über umfassende Kenntnisse über den Mineralreichtum von Michoacán verfügte. Er studierte an den Universitäten Morelia und Mexiko-Stadt. Er war ein Liberaler in der Politik und sprach mit Begeisterung über das moderne Mexiko, seine Bodenschätze, das Erwachen seiner Industrien, das Wachstum seines Handels. Er las Französisch und Englisch, sprach aber nur Spanisch. Seine Söhne waren in Toluca in der Schule und lernten Englisch. Es sei der große Wunsch der jungen Männer Mexikos, Englisch zu lernen, sagte er. Die Sprache wird bereits in allen Hauptschulen Mexikos unterrichtet. Es wird zur Geschäfts- und Handelssprache. In wenigen Jahren wird es die Hauptsprache Mexikos sein, und er bedauerte, dass er selbst in jungen Jahren nicht in der Lage gewesen war, die Schwierigkeiten der Sprache zu meistern.

Das alte Gasthaus, das Hotel Morelos, in dem wir übernachteten, wurde vor mehr als zwei Jahrhunderten von den Spaniern erbaut. Als wir ankamen, ritten wir mit all unseren sechs Maultieren und Pferden direkt durch die große Tür in den gepflasterten Innenhof. Hier bogen wir nach links ab und blieben an einer Steintreppe stehen, die in den zweiten Stock führte. Unser gesamtes Gepäck wurde hochgetragen. Uns wurde ein großer quadratischer Raum zugewiesen. Die Wände und der Boden waren aus Stein. Es wurden drei schmale eiserne Bettgestelle gebracht, jedes mit guten Drahtfedern, einer dünnen Matratze, einem Laken, einer Decke und einem kleinen Kissen. Unser Gepäck, das die beiden Packesel getragen hatten, stapelte sich in einer Ecke. Ein Tisch und drei Kommoden, eine neben jedem Bett, ein Becken und ein Krug aus emailliertem Eisen sowie vier Stühle vervollständigten die Möbel, die alle nach unserer Ankunft hereingebracht wurden. Große Doppeltüren öffneten sich auf die innere Piazza mit Fliesenboden und

blickten auf den *Innenhof* , und Flügelfenster öffneten sich auf den kleinen
Balkon mit Blick auf die Straße. Zu unserer Linken befand sich ein weiterer
ähnlicher Raum, dann um die Ecke ein Esszimmer, dann die Küche, dann
ein weiterer großer Raum, das Wasserklosett, mit einem Dutzend Sitzplätzen
in einer Reihe, die von beiden Geschlechtern frei genutzt werden konnten
und kein Schloss zum Zimmer hatten Tür! Ein ganzes Unternehmen könnte
es gleichzeitig nutzen. Diese Orte in Mexiko liegen immer in der Nähe der
Küche. Dann verstand ich den Grund für das ständige Gelbfieber in weniger
luftigen Höhen.

Um einen CENTAVO betteln

In der Stadt gibt es eine sehr alte und große Kirche mit zwei Türmen und
einer tollen Uhr. Als wir eintraten, knieten viele Frauen auf dem staubigen
Boden und beteten ihre Vesper.

Platzes befindet sich ein kunstvoller Brunnen (dessen Wasser angeblich
„heilig" ist), in den Löwenköpfe geschnitzt sind . Von der *Plaza aus* kann man
über die Unterstadt und weit nach Südwesten blicken, über und in *La Tierra
Caliente* (das heiße Land), in dem wir uns jetzt befinden. Aber Ario war cool
und nachts schlief ich im Flanellpyjama unter zwei Decken.

Wir waren früh aufgestanden! und genossen ein ausgezeichnetes Frühstück mit Kaffee, Eiern, Hühnchen, Reis und *Tortillas* — tatsächlich kann ich anmerken, dass alle Mahlzeiten, die ich bisher abseits der ausgetretenen Pfade des Reisens in Mexiko gegessen habe, genauso gut sind wie alle anderen, die ich dort bekommen würde Berge von West Virginia. Wir hatten die beiden Lasttiere beladen, unsere Rechnung bezahlt, etwa vierzig Cent pro Stück (ein mexikanischer Dollar), stiegen in unsere Sättel und marschierten um sieben Uhr zwanzig von der Terrasse auf die Straße . Dort fanden wir *El Jefe Politico* , prächtig beritten, rittlings auf einem eleganten Sattel mit rotem Besatz und Quasten. Er wurde von sechs Kavalleristen auf hübschen schwarzen Pferden in weiß-blauen Uniformen und einer Kompanie Fußsoldaten in weißen Uniformen begleitet. Bei ihnen war der Gefangene, ein großer dunkler Mann, die linke Hand steckte in einer Schlinge und die rechte Hand war auf dem Rücken an seinen Rücken gefesselt. Alle standen in einer Reihe und erwarteten uns, um uns bis spät in den Tag zu begleiten. Also verließen wir Ario mit Würde und Prunk. Ob der Gefangene das Ende des Tages erreichen würde, war eine offene Frage.

DER JEFE POLITICO UND DIE SOLDATEN

XI
Inguran-Minen – fünftausendsechshundert Fuß unter Ario

Von Santa Clara nach Ario hatten wir in dreißig Meilen einen Abstieg von 1.200 Fuß hinter uns. Nun ging es wieder abwärts. Mit jeder Meile wurde das Land tropischer. Es war ein schönes, reiches, hügeliges Land, ein schwarzer und fruchtbarer Boden; Guaven, Bananen, Kaffee und andere ähnliche Bäume begannen entlang der Straße häufig zu wachsen; Lange Reihen monströser Jahrhundertpflanzen (Maguey), die eine unerschöpfliche Quelle für *Pulque lieferten* , säumten die Straße auf beiden Seiten und dienten als undurchdringliche Hecken. Der *Camino* (Straße) wies Spuren einer Planierung auf und war an den Hängen von Bordstein zu Bordstein gepflastert. Jetzt wie gestern ist die ganze Straße weg, oder fast so. Abgrundartige Furchen, weite Löcher, abwechslungsreiche und viele Wege bieten dem Reisenden eine abwechslungsreiche Auswahl.

Wieder trafen wir Hunderte von beladenen Pferden, Maultieren und *Eseln* sowie Dutzende Männer, die Kisten und schwere Lasten auf dem Rücken trugen. Sie transportierten Kokosnüsse, Zucker, braunes Meersalz, Palmblätter und tropische Produkte sogar von den fernen Küsten des Pazifiks, eine sieben- oder achttägige Reise über die gigantischen Gipfel der Kordilleren weit im Südwesten. Außerdem trafen wir auf Züge von Packeseln, die mit Säcken voll konzentriertem Kupfererz aus den Minen dieses großen Mineraliengürtels beladen waren, in dem ich mich jetzt befinde.

Ich habe viele Kodaks von diesen Reisenden sowie von vorübergehenden Vorfällen gemacht. Der Jefe Politico stoppte seine gesamte „Armee" oder hätte es getan, wenn ich ihn nicht zum Vorgehen gewinkt hätte, denn das Foto war zu seiner großen Überraschung aufgenommen worden, als er seinen Befehl „Instantemente" gab .

Um 11:00 Uhr erreichten wir das Rancho Nuevo und betraten durch die große weiße Mauer einen weitläufigen Innenhof. Hier befanden sich bereits mehrere Packzüge, einige aus den Minen, einer fuhr über den Balsas-Fluss hinaus nach Guerrero. Die Fahrt dauert von morgens bis mittags. Dann wird Halt gemacht, die Rucksäcke werden abgenommen, die Tiere werden abgekühlt, langsam von Jungen herumgeführt, und später werden die Sättel und *Aparejos* (mexikanisches Ersatzmittel für Packsattel) abgenommen und schließlich werden sie getränkt, und Sie erhalten „Rauheit" (die abgestreiften

getrockneten Maisblätter) zum Fressen, werden aber erst in der Nacht mit
Getreide gefüttert.

Nichts unterscheidet die spanisch-indische Zivilisation der Mexikaner – so
mittelalterlich und römisch sie auch sein mag – von der Zivilisation unseres
modernen Lebens im 20. Jahrhundert mehr als die Haltung der beiden Völker
gegenüber dem Leiden stummer Kreaturen . Das sehe ich überall und
jederzeit. Zum Beispiel: Der Spanisch-Mexikaner kann seinem Pferd kein
anderes Gebiss anlegen als eine grausame Kombination aus rauen
Stahlstangen und Klemmringen, die ausreichen, um den Kiefer zu brechen.
Kein Pferd, kein Maultier, kein *Esel*, der dieses grausame Gerät trägt, wird
so tun, als würde er einen Tropfen Wasser trinken, und das kann er auch
nicht, bis er entfernt wird. Wenn Sie Ihr Tier tränken möchten, müssen Sie
absteigen, das Zaumzeug abnehmen und die harte Eisenmasse aus seinem
Maul entfernen.

ÜBERSTELLUNG DES GEFANGENEN

Lasttiere werden selten beschlagen und oft getrieben, bis ihre Hufe stark
abgenutzt und ihre Rücken wund sind und das Fleisch bis auf die Knochen
abgewetzt ist. Wenn sie nicht weiterreisen können, müssen sie sterben oder
gesund werden, so gut sie können, ohne dass sich jemand um ihr Schicksal
kümmert. Reiter reiten auf den schweren Ledersätteln des Landes in der

grimmigen Hitze der *Tierra Caliente* sowie im Hochland der *Tierra Fria* . Und niemand würde auch nur einen Moment daran denken, seine Reise zu unterbrechen, nur weil der Rücken seines Pferdes wund und wund geworden war, so schlimm die Wunden auch sein mochten. Die riesigen Sporen mit ihren großen, stumpfen Spitzen werden ständig mit gnadenloser Beharrlichkeit und einer unaufhörlichen stoßenden Fersenbewegung über die blutigen Seiten des Tieres gerollt.

Die gleiche Grausamkeit, die wir in der Stierkampfarena praktiziert sahen, wo Pferde aufgerissen, zwei- und dreimal zugenäht und in die Arena zurückgeritten wurden, um unter dem Jubel tausender Menschen noch einmal aufgerissen zu werden, ist auch auf dieser befahrenen Straße deutlich zu erkennen wo wir ständig Tiere treffen, die bis zum Tod überlastet sind, Tiere, die sterben, Tiere, die unter ihrer Last gefallen sind und nicht mehr aufstehen können.

Im Rancho Nuevo versprachen uns die spanisch-indischen Küchendamen gekochtes Hühnchen mit Reis zum Mittagessen. Eine der Damen, eine stämmige, dunkelhäutige Inderin, machte sich mit ihrem flinken Sohn auf die heiße Jagd nach einer langbeinigen, aktiven Henne. Der Vogel schien sein Schicksal zu kennen. Mehrere kurzhaarige Hunde beteiligten sich an der Verfolgung, die Henne wurde eingefangen. Die Mutter brachte es zu mir, hielt es hoch und zeigte mir, dass es fett und wohlgenährt sei, und als sie dann neben mir stand und eine Karawane von Lasttieren beobachtete, die gerade den Hof betrat, brach sie jedem in aller Ruhe den Oberschenkelknochen Sie rissen das Bein und den Hauptknochen jedes Flügels ab, so dass ein Entkommen unmöglich wurde, und machten sich sofort daran, das Huhn lebendig zu pflücken. Offensichtlich war ihr der Gedanke an Grausamkeit nicht bewusst. Die Beine und Flügel wurden gebrochen, damit der Vogel nicht weglaufen oder wegfliegen konnte. Es war selbstverständlich, dass es lebendig gepflückt wurde. Das Gefühl des Mitleids und der Zärtlichkeit für dumme Dinge war ihr noch nie in den Sinn gekommen. Das für den Topf bestimmte Geflügel wurde ebenso wenig berücksichtigt wie der verwundete Gefangene, dessen Handgelenke fest an Hals und Rücken gefesselt waren und den die Soldaten von *Don* Louis an diesem Tag in ein anderes Gefängnis „überstellten".

KÜHLUNG DER PFERDE – RANCHO NUEVO

unserem *Jefe Politico* gesellten sich zwei spanische (mexikanische) Herren, Manager (*Superintendentes*) von *Haciendas* , und wir aßen alle zusammen. Wir ließen das Huhn mit Reis und dann *Frijoles kochen* , und ich gab ihnen meinen kostbaren alten Bourbon, den sie – „ *La agua de los Estados Unidos* "– „ *mas Excellentemente* " als ihren eigenen *Mescal* aussprachen .

Hier ruhten wir uns bis etwa 15:00 Uhr aus, bevor wir uns auf den Weg zum letzten Abstieg nach *La Tierra Caliente machten* . Wir stiegen etwa eine Stunde lang ganz langsam ab und fanden uns dann in Agua Sarpo wieder, einer Ansammlung einiger Hütten am Rande des Plateaus, von wo aus wir auf eine Ansammlung von Berggipfeln und -kämmen, Tälern und tiefen Ebenen blickten Obwohl Sie am „Hawk's Nest" in West Virginia standen und hundert Meilen weit über ein fünftausend Fuß tiefer gelegenes Land blickten, war die gesamte ferne Region in grelle Hitze getaucht und grün und üppig mit tropischer Vegetation.

Die Gipfel unter mir waren vulkanischen Ursprungs, und der flache Kegel des letzten erschaffenen Vulkans Mexikos, Jorullo, der in einer einzigen

Nacht, dem 29. September 1759, eine Höhe von fast 600 Metern erreichte und von Humboldt so anschaulich beschrieben wurde, lag direkt zu unseren Füßen – die außergewöhnlich klare Atmosphäre, die den Vulkan und die benachbarten Gipfel und Gebirgszüge so aussehen lässt, als wären sie eng aneinander gedrängt, obwohl sie viele Meilen voneinander entfernt waren.

Mein erster Vorbote der nahenden Tropen war ein *Paraquita*, der in Smaragd-, Scharlachrot- und Goldtönen glänzte. Er saß auf einem Baumstumpf und beobachtete mich aufmerksam. Dann bemerkte ich einen Schwarm Papageien, der durch die Luft taumelte.

Die Straße, ein bloßer Pfad, war genauso steil wie einige der Straßen, die von unseren Kanawha-Minen nach unten führten. Wir lassen den *Jefe* und seine Soldaten uns folgen und übernehmen die Führung. Stunde für Stunde gingen wir tiefer und tiefer und tiefer. Wir kamen an Palmen, unzähligen Bananen und Kaffeebäumen vorbei. Es gab viele Indianerhütten am Wegesrand – denn wir befanden uns auf einer berühmten, viel befahrenen Durchgangsstraße – und in den meisten von ihnen standen eine Flasche oder ein Kürbis mit Pulque und Früchten bereit, um den *Reisenden* zum Kauf zu verleiten.

Als wir fast unten waren, kamen wir zur *Hacienda* Tejemanil, einer großen Zuckerplantage mit einer alten Mühle, die über Wasser betrieben wurde, das viele Meilen vom Plateau entfernt war. Hier ruhten wir uns eine halbe Stunde aus, der *Jefe* erledigte einige Geschäfte und wir aßen köstliche Orangen, klein, hellgelb gefärbt und voller leicht säuerlicher Saft.

EIN WILDER FEIGENBAUM – LA PLAYA

Wir befanden uns nun auf einer Ebene mit Palmenplantagen, von wo aus die getrockneten Palmenblätter in großen Ballen ins Hochland verschifft werden. Dann kamen wir zu einer anderen *Hacienda* , einem hunderttausend Hektar großen Bauernhof, La Playa, wo der Jefe und seine Kompanie mit ihrem zum Tode verurteilten Gefangenen die Abzweigung nach La Huacana einschlugen. Schließlich kamen wir in ein breites Tal, das Tal von El Rio de la Playa, schwarz von vulkanischem Sand, genannt Mal *Pais* (schlechtes Land), die unmittelbare Region, die einst durch den schrecklichen Ausbruch des Vulkans Jorullo verwüstet wurde. Hier gab es ausgedehnte Bananenhaine, seltsame tropische Bäume, die für mich völlig neu waren, Orchideen und Palmen und eine mehrere Meilen lange Strecke mit Indigo- und Wassermelonenanbau. Dann überquerten wir eine weitere Wasserscheide und kamen gerade wieder herunter, als die große, heiße Sonne hinter den Bergen verschwand und die Nacht hereinbrach. Es war stockdunkel, als wir die *Hacienda* La Cuyaco betraten und abstiegen, viertausendachthundert Fuß unterhalb von Ario, sechstausend Fuß unterhalb von Santa Clara und doch etwa tausendzweihundert Fuß über dem Meer.

Diese Nacht schliefen wir auf Rohlederfedern, einem Stück Matte als Matratze. Wir waren in den Tropen. Es war mir verboten, Wasser zu berühren, nicht einmal das Waschen. Unser Abendessen bestand aus Schokolade (lecker), *Tortillas* und Eiern. Auf der *Terrasse* , wo wir aßen, hingen Papageien, zwei große graue Tauben und ein Goldfink in Käfigen . Alles war neu für mich. Ein Baby schaukelte in einer Wiege, die an der Decke hing, und der Vater, Izus, der Hüter des Hofes, hielt ein anderes. Er hatte dreizehn Kinder.

Wir zogen unsere dicken Kleider aus (es war den ganzen Nachmittag schwer gewesen, sie auszuhalten), ich zog Mullunterwäsche und Leinen an und schlief ohne die Last einer Decke. Am Morgen machten wir uns früh auf den Weg, aber um neun Uhr brannte die Sonne bereits glühend heiß. Etwa fünfzehn Meilen lang durchquerten wir nun ein breites Tal. Wir befanden uns außerhalb des Viertels Jorullo und seiner verstreuten Vulkansande und hatten den Mineraliengürtel betreten. Durch den Hof der *Hacienda verlief ein Sims aus Kupfer und Silber* . Beim Abendessen bin ich darüber gestolpert.

Und damit hängt eine Geschichte zusammen: Vor nicht allzu langer Zeit, so scheint es, kam ein umherziehender Amerikaner – einer meiner zufälligen Landsleute, die sich hin und wieder nach Mexiko zurückziehen, wenn das Gesetz zu Hause zu streng ist – gegen Ende auf der Hacienda *vorbei* eines heißen Tages und bat um eine Unterkunft. Er wurde, wie es Brauch ist, gastfreundlich empfangen, und als die große Glocke zum Abendessen läutete, verließ er sein Schlafzimmer und machte sich auf den Weg über den Hof.

VULKAN DE JORULLO

Beim unvorsichtigen Gehen stieß er mit dem Zeh gegen den unbändigen Felsvorsprung und humpelte ins Esszimmer. Sein Gastgeber entschuldigte sich für die Anwesenheit eines so ungünstig gelegenen Felsvorsprungs. Der Gast erklärte seine Verletzung für eine Kleinigkeit und der Vorfall geriet in Vergessenheit. Am nächsten Morgen wurde er gesehen, wie er mit einem Hammer auf den Felsvorsprung schlug, und er steckte Proben des Gesteins in seine Tasche, bevor er ging.

Viele Monate vergingen und jede Erinnerung an den lockeren Amerikaner war aus den Köpfen der Menschen verschwunden. Kürzlich jedoch speiste ein Beamter des Department de Mineria der mexikanischen Regierung in der *Hacienda* und teilte dem *Superintendenten höflich mit* , dass ein Amerikaner den durch den Hof verlaufenden Felsvorsprung „angeklagt" (dh Anspruch darauf angemeldet) habe hatte das Eigentumsrecht daran sowie das Recht erhalten, so viel der angrenzenden Fläche zu besetzen, wie für den Betrieb der Mine erforderlich war.

Daher sind die Besitzer der *Hacienda* bei der Annäherung eines *Gringos* (verächtliche Bezeichnung für Amerikaner) höchst unruhig, weil sie befürchten, der Neuankömmling sei ihr zufälliger Gast oder sein Vertreter.

Nachdem wir Cuyaco verlassen hatten, trafen wir entlang der Straße ständig auf Hinweise auf Mineralien. Ich bemerkte auch Schwärme von Papageien, Scharen von Eichelhähern, Fliegenschnäppern, Geiern und Mönchsgeiern sowie viele Caracara-Adler; alle diese Vögel waren für mich neu; und ich sah auch mehrere schöne Schmetterlinge, *Papilios* und *Colias* , kleine weiße und orange und gelbe. Aber ich sah nirgendwo wilde Blumen – die Jahreszeit war jetzt zu heiß für diese.

Gegen zehn Uhr hielten wir an einer *Hacienda* , der von San Pedro de Castrejon, wo die Brüder Castrejon leben, Besitzer von Kupfergrundstücken in der Nähe derjenigen, die wir besuchen. Sie sind die Großseñores *des* Tals; Sie gaben uns auch Empfehlungsschreiben. Schwarze Vögel, große Grakles mit Bootsschwanz, Grau- und Weißhäher und Dutzende wilder Tauben gingen hier zahm zwischen unseren Pferden umher. In den Bäumen schrien Papageienschwärme. Für ein paar *Centavos* kauften wir hier köstliche Bananen in kleiner Fingergröße und andere dreimal so große sowie Orangen und Kokosnüsse.

Um elf Uhr sahen wir den Dampf aus dem Kraftwerk der Inguran-Minen und waren bald dort. Es handelt sich um alte Kupferminen, die jetzt von den französischen Rothschilds eröffnet werden. Bisher wurden über vier Millionen *Francs ausgegeben.* Umfangreiche Kupfervorkommen werden hier freigelegt. Die Manager sind alle Amerikaner; einer kommt aus Virginia, einer aus Kalifornien. Es ist kein Franzose beschäftigt.

RANCHO DE SAN PEDRO

Wir sind im privaten Bungalow des Geschäftsführers von Mexiko-Stadt untergebracht, von dem wir ein Empfehlungsschreiben mitgebracht haben. Wir sind auf halber Höhe der Ausläufer; Wir haben eine tolle Aussicht, die Betten sind bequem und das Essen ist gut.

Heute Morgen sind wir durch die Minen gegangen. Kraftstoff und Transport sind hier die beiden Probleme. Diese ganze Region von mehreren hundert Quadratkilometern ist reich an Kupfer und Silber und voller alter Minen, die einst von indianischen Sklaven betrieben wurden, heute aber seit der Vertreibung der Spanier und dem Beginn der Freiheit aufgegeben wurden.

XII
Antike Bergbaumethoden

MINA LA NORIA, MICHOACAN, MEXIKO,

4. Dezember.

Wir verließen die Minen von Inguran am frühen Samstagmorgen. Wir standen um halb fünf auf und hatten um halb sechs gepackt und gefrühstückt, *Desayuno* und *Almuerzo* zusammen. Der reisende Mexikaner isst früh und obwohl er vielleicht einen Mittagssnack zu sich nimmt, erreicht dieser selten die Würde der *Comida* , und wenn die Tagesreise vorbei ist, werden sie wie die beiden Morgenmahlzeiten, die *Comida* und *die Cena* , zu einer vereint. Unser Frühstück bestand aus gebratenem Hühnchen und Reis – Reis, der so zart gebraten war, dass jedes Korn von einer knusprigen und köstlichen Schale umhüllt war und jeder Bissen genüsslich zwischen den Zähnen zerbrach. Eier gibt es immer. In Spanien und Kuba wird ein Ei *huevo* genannt , in Mexiko ersetzt die Verfeinerung der Sprache das Wort *blanquillo* (kleiner Weißer). Es ist eine Höflichkeit, Ihre Gastgeberin nach *Blanquillos* zu fragen . Es wäre unhöflich, sie um *Huevos zu bitten* . Es ist auch eine Höflichkeit, wenn man sie anspricht, *Señorita* . Wenn sie protestiert, sie sei eine *Señora* , Mutter einer Familie und längst über das Alter einer *Señorita hinaus* , rufen Sie aus: „Das ist unmöglich", denn da sie so jung aussieht, muss sie eine *Señorita sein* . Die unverblümte amerikanische Art, ein Ei als „ *huevo* " und eine Dame als „ *señora* " *zu bezeichnen* , gilt als unverzeihlich unhöflich.

IM FLUG VON MEINEM KODAK

Um 17:45 Uhr kletterten wir die 100 Meter hohen Berghang hinunter, durch das Bergbaudorf, über eine alte, etwa 1,20 Meter breite, gepflasterte Straße, deren Pflastersteine so fest zwischen den Bordsteinen verankert waren, dass die Überschwemmungen und die Abnutzung im Laufe der Jahrhunderte und Die Jahreszeiten haben es so intakt und solide hinterlassen wie bei der ersten Verlegung. Die Spanier bauten vor Jahrhunderten viele solcher Straßen zu ihren Minen, als sie die Indianer als Sklaven arbeiten ließen. Das Bergbaudorf war malerisch. Wenn der Bergmann zur Arbeit geht, baut er sein eigenes Haus und zahlt keine Miete. Die Wände bestehen aus aufrechten Stangen und das Dach ist aus Palmblättern gedeckt. Wenn er seinen Job aufgibt, verlässt er sein Haus, obwohl er manchmal das Dach abreißt. In der Nähe jeder Wohnung ist eine Art holländischer Ofen aus Lehm gebaut, der Ofen und Herd kombiniert. Darin wird das Brot gebacken; Auf ihm findet der größte Teil des Kochens statt. In diesem tropischen Land ist die Haushaltsführung ein einfacher Vorgang.

Die Minen von Inguran liegen auf einer Höhe von etwa zweitausend Fuß über dem Meer, und die trockene Luft, weder zu leicht noch zu schwer, scheint perfekt mit den dort arbeitenden Amerikanern zu harmonieren und hat mich zu einer Kraft zurückgebracht, die die dünnen Die Luft im Hochland hatte sich teilweise entspannt. Wir wurden einen Abend lang im entzückenden Bungalow des Superintendenten des Innenministeriums, eines Mr. O'Mahondra, bewirtet, einem Mitglied der angesehenen Familie dieses Namens aus Richmond, Virginia. Ursprünglich begann er seine Anwaltstätigkeit in Chicago, als er mit ihr nach El Paso floh, da seiner Frau der Konsum drohte. Dort gewann sie nichts und er trug sie weiter nach Süden und übernahm, das Gesetz aufgebend, diesen Posten in Inguran. Sie war groß, sah gut aus und bot den Eindruck einer robusten Gesundheit. Als kluge Amerikanerin hatte sie sich die Kunst des Prüfens angeeignet und erhielt als offizielle Prüferin der Minen ein stattliches Gehalt. „Der einzige Nachteil am Leben in Inguran", sagte sie, „ist, dass ich so herrlich gesund bin."

Unser Weg führte zunächst bergab und dann über das San Pedro-Tal in Richtung Südwesten. Das Tal ist ein oder zwei Meilen breit. Der Weg, dem wir folgten, verlief durch dichtes tropisches Laub. Die Luft am frühen Morgen war fast bis zur Kälte kühl. Die Vögel waren überall in Bewegung und alle ihre Töne waren für mich neu. Es gab viele Tauben, die kleine braune Bodentaube, die uns einfach aus dem Weg ging; eine größere Taube von schiefergrauer Farbe, die zwischen den höheren Zweigen des Dickichts flog. Der große Grauhäher war zahlreich und es gab viele Elstern sowie rostige und gelbköpfige Grakles. Entlang der Wasserläufe trafen wir immer wieder auf Scharen großer brauner und kleiner Mönchsgeier sowie Caracara-Adler, die im Bach fischten. Sittiche, die in Grün, Scharlachrot und Gold glänzten, gab es in Hülle und Fülle, und Schwärme grauer und grüner Papageien tummelten sich unbeholfen durch die Luft. Ich sah auch meine ersten großen grünen Militäraras – Vögel so groß wie Hühner oder kleine Truthähne, der Körper leuchtend grün, der Kopf rot und gelb. Ich habe diese prächtigen Vögel noch nie in Gefangenschaft gesehen, auch nicht unter den prächtigen Aras aus dem Amazonasgebiet und Australien, die so oft in Sammlungen ausgestellt sind. Diese Aras waren sehr zahm und ein Schwarm ließ sich auf einem Mimosenbaum nieder, unter dem wir die Zügel zogen. Ich hätte sie vielleicht mit meiner Pistole erschießen und einige davon mit nach Hause nehmen sollen, wenn ich eine Möglichkeit gehabt hätte, die Häute zu konservieren. Im Dickicht bemerkte ich auch Fliegenschnäpper und mehrere Spatzen, die ich nicht kannte, aber ich sah keine Raben wie neulich im Hochland.

DIE ALTE BRIEFMARKENMÜHLE

Nach fünf oder zehn Meilen das Tal hinab, schlängelten wir uns durch den Wald, überquerten offene Lichtungen, kamen hier und da an einer Eingeborenenhütte vorbei und überquerten häufig den Fluss. Wir verließen den Hauptweg und bogen eine schattige Schlucht hinauf und folgten ihr bis zu ihrem Kopf, wo wir Wir passierten eine niedrige Schlucht mit hohen Bergen auf beiden Seiten und stiegen dann wieder zum Fluss hinab, wodurch wir eine große Kurve abgeschnitten und fünfzehn oder zwanzig Meilen eingespart hatten. Als wir zum Haupttal hinabstiegen, wurde das Holz kleiner, der hartnäckige Mesquit eroberte immer mehr das Land und die Sonne fiel voll auf uns. Die Hitze war intensiv. Es schien, als gäbe es nirgendwo ein Lebewesen; nur die Scharen kleiner brauner Eidechsen, unzählige Tausende von ihnen, die im Sand herumhuschen; und *Leguane* , schwarz wie die Nacht, schlafend im Ast eines Baumes oder auf der erhitzten Spitze eines Steins am Wegesrand. Kein anderes Geräusch störte jetzt die Mittagsstille außer dem Summen von Millionen von Zikaden, die von den heftigen Sonnenstrahlen nur zum aktiven Leben erweckt zu werden scheinen.

Sechs Stunden zu Beginn des Tages führten uns zur Hacienda de Oropeo am Rande des Rio de San Pedro. Hier machten wir Halt zur Mittagsruhe und lagen unter einem Indianerschutz, einem breiten Strohdach aus Palmblättern, unter dem wir unsere Pferde anbinden und uns ausruhen konnten. Hier kochte eine alte Inderin für uns *Tortillas* und *Frijoles* . Wir sahen zu, wie sie die *Tortillas* zubereitete , kleine Kuchen aus Maismehl, so dünn wie ein Blatt

Papier. Die trockenen Maiskörner werden zunächst in Kalkwasser eingeweicht, bis sich die umhüllende Schale leicht lösen lässt. Es ist dann ähnlich wie Samp. Das aufgequollene und erweichte Korn wird dann zwischen zwei Steinen zu einem Brei zerrieben, der angefeuchtete Brei wird zwischen den Händen zu einer hauchdünnen Waffel geformt, und diese dünnen Waffeln werden auf die Oberseite des Lehmofens gelegt, um langsam getrocknet zu werden. Die *Tortilla* gilt als das nahrhafteste aller aus Mais zubereiteten Lebensmittel. Es ist der Lebensstab des mexikanischen Peon, und die Herstellung von *Tortillas* ist die Hauptbeschäftigung seiner Frau und seiner Töchter. Sobald die kleinen Mädchen groß genug sind, fangen sie an, Tortillas zu streicheln , *und* das tun sie ihr ganzes Leben lang. Wenn Sie durch ein Indianerdorf reisen, wird Ihr Ohr vom Klatschen, Klatschen, Klatschen von Hunderten von Handpaaren berührt. Die indischen Frauen streicheln *Tortillas* . Sie streicheln immer *Tortillas* , wenn sie nicht gerade mit anderen Arbeiten beschäftigt sind.

KUPFERERZ-DEMPFEN – LA CHINA-MINEN

Gegen 16:00 Uhr packte Izus, unser *Mozo* , die Lasten um, wir stiegen erneut auf und waren in einer Stunde auf der anderen Seite des Flusses, wo wir ein paar Meilen zu diesen alten Minen einen kleinen Bach hinaufstiegen. Als wir uns zur Mittagszeit ausruhten, bemerkten wir eine Gruppe von dreißig oder vierzig Männern, die auf ihren Schultern das Palmendach eines fahrenden Herrenhauses trugen. Später fuhren wir am neuen Domizil vorbei, das Dach war bereits auf die Eckpfosten gesetzt und die Familie war bereits in ihre Wohnung eingezogen.

Wir biwakieren in einem Gebäude, in dem einst der Herr der Minen lebte – Minen, die jetzt mit Wasser gefüllt und verlassen sind, obwohl keine der Minen tiefer als 30 Meter in die Tiefe reicht. Der Boden und die Wände des Gebäudes bestehen größtenteils aus sonnengebranntem Lehm. Hoch über den Mauern thront das palmengedeckte Dach. Es gibt keine Rahmen in den Fensteröffnungen, keine Rahmen in den Türen. Da Wände und Dächer nur Schutz vor der Sonnenhitze bieten, kann die Luft dort hindurchblasen, wo sie hinwill. Unsere Feldbetten werden von der Rückseite des „Old Blacky" genommen, ausgerollt und in die luftige Kammer gestellt; auf ihnen sitzen und schlafen wir.

Unser einziger Schrecken sind die Ameisen, aber wir stellen die Beine der Feldbetten in kleine Tontöpfe mit Wasser und sind in Sicherheit. Eine indische Familie, die am anderen Ende der weitläufigen, verlassenen Gebäude auf der anderen Seite des Hofes wohnt, versorgt uns mit gekochtem Reis und geschmortem Hühnchen. Izus hat uns eine Fülle an Bananen und Orangen beschert, frisch, duftend und köstlich. Wir kaufen mehrere Orangen für einen *Centavo*, und ein *Centavo* ist weniger als einen halben amerikanischen Cent wert. Der Indianer hält Geflügel und auch Kampfhähne. Letztere werden am Bein in der Nähe seiner Tür gefesselt. Sie sind sein Stolz und er bekämpft sie am Sonntag nach der Kirche. Wenn der Priester den Gottesdienst beendet hat, bilden die Nachbarn, die alle ihre Hühner mitgebracht haben, einen Kreis, und dort wird der Wochenlohn verpfändet und geht bei der Ausgabe der Kämpfe verloren. Ich schicke dir einen Schnappschuss einer Schlacht.

UMZUG EINER VILLA

Beim Essen sitzen wir auf improvisierten Hockern um einen selbstgebauten Tisch und direkt hinter uns hockt eine Gruppe aufmerksamer Bewunderer – die ausgehungerten Familienhunde, rauhaarige, leichenhafte, wolfsäugige, stille Hunde, die sie sind. Sie beobachten mit verstohlener Aufmerksamkeit jeden Bissen, den wir in unseren Mund stecken, und stürzen sich sofort auf jeden Krümel und Knochen, der in ihre Reichweite fällt. Sie bellen nie – nur ein schrilles, melancholisches Heulen, das ich manchmal die Stille der Nacht durchbrechen höre; Sie wedeln nie mit dem Schwanz, denn dieser steckt immer zwischen ihren Beinen. Wenn wir fertig sind, werfen wir diesen wehmütigen Beobachtern den Abfall unserer Mahlzeit zu. Es gibt ein lautloses Handgemenge, ein hastiges Knirschen und dann setzt sich jeder Hund genauso hungrig und aufmerksam auf wie zuvor. So frühstücken, essen und speisen unsere Freunde mit uns, und sie sind so voller Misstrauen und Menschenfurcht, dass sie uns auf keinen Fall erlauben, uns zu nähern. „ *Veni aqui perro* " (Komm her, Hund) ruft ein Indianerjunge, und sofort verschwindet *Perro* . Diese Hunde stammen ursprünglich vom wilden *Kojoten ab, dem sie sehr ähneln, und scheinen durch den Kontakt mit Menschen wenig Zähmbarkeit erlangt zu haben.*

Als nächstes am Bach über uns liegen die längst verlassenen Azteca-Minen, und dann kommen die China-Minen (ausgesprochen *Cheena*). Die einzige Gruppe, die jetzt bearbeitet wird, ist der derzeitige *Superintendent* , ein Mitglied der Familie Castrejon, zu der sie gehören. Bei der Ader handelt es sich um eine Porphyr- und Quarzader, die Kupfer führt, sie ist etwa 900 Meter breit und nahezu vertikal. Es liegt fast auf Höhe des Wasserlaufs, etwa einen Grad westlich, und wie tief es sein wird, weiß niemand. Diese ganze Region ist voller Löcher, im Allgemeinen etwa vier bis sechs Fuß im Quadrat groß, aus denen seit Jahrhunderten das Kupfererz gewonnen wird. Die reichen Stücke wurden weggetragen und der Rest auf die Erde geworfen. Das ganze Land ist mit unzähligen Haufen dieses verlassenen Kupfererzes gefüllt, das zwei bis drei Prozent Kupfer enthält und auf den fernen Tag wartet, an dem Eisenbahnen, moderne Maschinen und effiziente Arbeitskräfte diesen natürlichen Reichtum für moderne Unternehmen profitabel machen werden. So wie es ist, zerstören die gegenwärtigen primitiven indianischen Methoden des Bergbaus und Transports auf Maultieren, unbelüfteten Gruben und schrecklichen Pfaden, die gewaltige Höhen erklimmen, selbst bei der Gewinnung der ergiebigsten Erze die Möglichkeit eines Gewinns.

Den Sonntag verbrachten wir damit, über die Hügel zu reiten, die sich zwischen drei und fünfhundert Fuß über dem Bach erheben. Auf ihren einfachen, abgerundeten Hängen kann ein Pferd fast überall hinklettern. Es ist ein Land, in dem das Vieh umherstreift und in dem die mexikanischen *Vaqueros* (Cowboys) die einzigen Menschen sind. Am Nachmittag gingen wir hinunter zum San Pedro River, jetzt ein kleiner Bach, und badeten im lauwarmen Wasser, wo ich einen alten, bekannten Freund überraschte, der ebenfalls das klare Wasser beobachtete, einen Eisvogel mit Gürtel.

HERAUSBRINGUNG DER ERZMINEN AUS LA CHINA

Den Montag verbrachten wir von sieben bis zehn Uhr damit, durch die China-Minen zu gehen, in denen die Mexikaner auf alte, primitive Weise arbeiten. Wir gingen durch einen kurzen Tunnel an die Seite des Hügels, der zu einem schwarzen Loch oben führte, aus dem eine rutschige Stange herausragte. Auf einer Seite dieser Stange sind Kerben eingeschnitten, und in diese Kerben müssen Sie Ihre Füße seitlich hineinsetzen, wenn Sie absteigen möchten. Unser Führer umklammerte mit einem Arm die Stange, hielt mit dem anderen sein flackerndes Licht hoch und verschwand langsam in der Dunkelheit darunter. Wir gingen alle unter, ohne zu wissen, was unter uns sein könnte. Anfangs hielten meine Füße nicht in den Kerben, aber es kam darauf an, ob ich mich hineinsetzen oder in grenzenlose Dunkelheit fallen würde, also klammerte ich mich fest und stieg langsam nach unten. Die Entfernung betrug nur etwa zwanzig Fuß. Hier gab es einen Versatz von acht oder zehn Fuß, dann eine weitere Stange und noch mehr Kerben, Schwärze oben wie unten, und die Kerben waren durch den jahrelangen Kontakt mit schuhlosen Indianerfüßen glitschig geworden. So stiegen wir immer weiter ab, etwa 60 Meter tief, bis die Luft heiß und schwer war und unser Atem röchelnd und langsam wurde. Dann folgten wir einem langen, schmalen Tunnel und gelangten zu einer Stelle, an der nackte Indianer mit Stahlkeilen das Erz herausschlitten. Die Indianer steigen am Morgen ab, arbeiten so lange, wie es die schlechte Luft zulässt, sammeln dann alle Steine, die sie entfernt haben, ein, stecken sie in einen Sack aus Stierfell, laden ihn auf den Rücken und klettern die eingekerbten Stangen wieder hinauf, um ans Tageslicht zu gelangen . Beim Verlassen der Mine stolpern sie zu einem Erzhaufen unter einem Strohdach, das auf hohen Pfählen steht, und kippen ihre Ladung ab. Um diesen Erzhaufen herum hocken zwanzig bis dreißig Indianer, jeder hält einen Stein in der Hand. Jeder hat ein großes, flaches Stück Stein vor sich. Er greift nach dem Erzhaufen, nimmt daraus einen Klumpen, der ziemlich gut aussieht, und zerkleinert ihn zwischen den beiden Steinen zu Pulver. Das mittlere Erz wird auf einen Müllhaufen geworfen, das reiche Erz wird ganz zerkleinert. Dies ist das Original der modernen Pochmühle und wahrscheinlich die einzige Pochmühle, die der Indisch-Mexikaner jemals kennen wird. Nachdem das Erz auf diese Weise von Hand pulverisiert wurde, wird es in einen hölzernen Trog gegeben, in den Wasser gegossen wird, das in Stierfellsäcken aus dem darunter liegenden Bach heraufgetragen wurde, und das Erz so gewaschen und konzentriert. Anschließend wird es in Säcke verpackt, etwa zweihundert Pfund pro Sack, und fünfzig oder sechzig Meilen über die schrecklichen, steilen Pfade zur Eisenbahn in Pátzcuaro transportiert, von wo aus es zur Schmelze verschifft wird.

WASCHEN VON KUPFERERZ

Es ist ein Wunder, dass sogar die Mexikaner diese Minen Jahr für Jahr bewirtschaften und den geringsten Gewinn erzielen können. Für den effizientesten amerikanischen Manager wäre dies unmöglich. Der mexikanische *Superintendent* lebt von nichts und seine mexikanischen Angestellten leben von weniger. Achtzehn bis zwanzig Cent pro Tag in Mexiko (weniger als zehn Cent pro Tag in Amerika) ist der Lohn des Bergmanns. Mit diesem Betrag muss er sich selbst und oft auch eine große Familie ernähren. Die Mexikaner folgen der alten spanischen Theorie, dass menschliche Arbeit billiger ist als Maschinen, wenn man die menschliche Arbeit auf einen ausreichend niedrigen Lohn reduzieren kann. Daher raten die mexikanischen Arbeiterklassen sowohl vom Gebrauch von Maschinen als auch von der Ausbildung des *Arbeiters ab* . Unwissenheit und die bittere Armut der Arbeiterklasse sind das spanisch-amerikanische Ideal. Der

Tagelöhner in Mexiko ist kaum besser als ein Sklave. Der wohlhabende Minenbesitzer, der in der fernen Hauptstadt oder in Paris oder Madrid im Luxus lebt, mag Zeugnisse von Kultur und Vornehmheit vorweisen, aber Mexiko kann nie große Fortschritte machen, bis die Massen des einfachen Volkes aufgeklärt sind und sich moderne Staatskunst aneignen aus diesem Zustand der Industrieknechtschaft befreit werden.

Einige der Typen dieser Indianer sind neugierig. Ein Mann hat einen Kopf, der direkt hinter seine Ohren reicht, und er hat auch nicht viel Gehirn vorn. Ein anderer sieht aus wie ein Japaner. Diese Indianer – man nennt sie Indianer, aber viele von ihnen sind Mischlinge, denn unter ihnen ist viel spanisches Blut vermischt – sind erbärmlich arm und in ihrer Armut hoffnungslos. Sie wurden so viele Jahrhunderte lang vom gnadenlosen spanischen Oberherrn gehämmert und zerschlagen, dass ihnen schon vor langer Zeit jeglicher Geist entzogen wurde. Sie scheinen jetzt nicht in der Lage zu sein, aufzustehen. Sie sind auch keine robuste Rasse. Wenn die Krankheit vorherrscht, sind sie zu arm, um einen Arzt zu engagieren, sondern verlassen sich auf Zaubersprüche und religiöse Riten. Ich habe gerade die Rolle eines Arztes gespielt. Ich habe eine kleine Schachtel mit ausgewählten Medikamenten mitgebracht, die für die alltäglichen Beschwerden dieses semitropischen Landes ausreichend sind. Ich verschreibe jetzt Chinin für *Doña* Caldina und Kalomel für *Señor* Perez. Ich höre, dass morgen ein verkrüppelter Mann zu mir kommt und fragt, ob der weiße *Señor* ihn heilen und gehen lassen kann. Diese Peonen haben etwas Kindliches an sich. Wie demütig akzeptieren sie die Überlegenheit des weißen Mannes, den sie nicht lieben!

Ich sehe viele Beispiele für das, was man als degeneriert bezeichnen könnte, unförmige Köpfe, schlecht geformte und deformierte Körper, Anzeichen einer Rasse, die zu stark inzüchtet ist. Sie tragen weiße Baumwollkleidung, spitze Strohhüte und Rohledersandalen. Die Männer tragen im Allgemeinen über der Schulter gefaltete Decken (*Zerapes*), in die sie sich einwickeln, wie es ihre Brüder im Hochland tun, wenn die Luft kalt wird.

Eine antike Halde mit Kupfererz

Die Kälte der Nächte und die brennende Hitze des Tages sind seltsam. Ich habe letzte Nacht in Flanellunterwäsche geschlafen, darüber ein Wolljersey und noch draußen einen Flanellpyjama; dann zwei dicke Wolldecken und darüber ein *Gummiponcho* . Früh, gegen ein oder zwei Uhr, wachte ich bis auf die Knochen durchgefroren auf. Ich ziehe meinen Cordmantel an. Mir war nur noch warm, denn aus den luftigen Höhen der *Tierra Fria* wehte ein eisiger Wind herab . Als heute Morgen gegen sechs Uhr die Sonne aufging, war die Luft noch kalt. In einer Stunde war es angenehm warm, Vögel zwitscherten und flogen von Baum zu Baum. Um neun Uhr brannte die Sonne wie ein Feuerball. Ich bin jetzt, um halb zehn, in Hausschuhen, in Leinenhosen und meinem dünnen Pyjamamantel unterwegs und verstecke mich auch dann vor der Sonne. Um zehn Uhr liegt eine tiefe und überwältigende Stille über dem Land, kein Lebewesen regt sich, außer den Eidechsen und Zikaden. Das Tageslicht endet jäh. Der Tag dauert nur so lange, wie die Sonne scheint. Um halb fünf hängt die Sonne über den Bergen im Westen. Plötzlich ist es weg. In fünfzehn Minuten ist es dunkel, die Sterne leuchten, und sie sind so weiße

Sterne! Die kalte Luft des Hochlandes legt sich dann für die Nacht auf uns nieder.

XIII
Etwas tropische Finanzmoral

6. Dezember.

Wir waren schon vor Tagesanbruch wach, da unsere Pferde und Maultiere kurz nach Mitternacht mit Getreide gefüttert worden waren. So wird die Nahrung verdaut, bevor die Reise des Tages beginnt. Es war blendendes Sternenlicht mit einem schimmernden weißen Mondstreifen. Unsere beiden Packtiere waren beladen, wir hatten gefrühstückt und saßen kurz nach vier im Sattel. Ein scharfer Wind, der wie eine Messerschneide schnitt, wehte stetig vom Hochland hinter uns herab. Ich hatte meine warme Kleidung des Abends anbehalten. Wir reisten schnell im strahlenden Sternenlicht, passierten den *Aroyo* , an dem wir lagerten, und bogen den San Pedro River in Richtung Süden ab. Wir überquerten den Bach häufig im Gänsemarsch. Um sieben Uhr blickte die Sonne über die Hügel und ich begann, mich auszuziehen. Um halb neun hatte ich nur noch meine dünnste Unterwäsche, meinen Pyjamamantel, meine Leinenhose und meine Hausschuhe. Um zehn Uhr brannte die Sonne, und nur unsere großen mexikanischen *Sombreros* retteten uns vor ihren heftigen Strahlen. Unser Weg führte zwanzig Meilen fast genau südlich das Tal des San Pedro hinunter, dann bogen wir nach links ab und folgten einem leicht befahrenen Pfad, der eine Reihe niedriger Hügel überquerte, bis wir nach vier langen Stunden zu riesigen Ebenen oder Llanos *kamen* Es erstreckt sich flach wie ein Tisch über zwanzig Meilen in Richtung des Balsas River. Die Bäche waren trocken, die Blätter fielen von Sträuchern und Bäumen. Es war die Trockenzeit. Bis auf die blasigen Stängel der sonnengetrockneten Gräser waren Mesquit, Kakteen und Mimosen die einzige Vegetation. Nirgends war Wasser zu sehen. Der Boden war ausgetrocknet und rissig. Nur eine leichte Brise, die uns den ganzen Tag begleitete, und ein paar hochfliegende Wolken, die hin und wieder die Sonne verdeckten, retteten uns davor, fast bei lebendigem Leibe verbrannt zu werden. Die Uhr in meiner Tasche wurde brennend heiß, ich konnte sie kaum in der Hand halten; Die Metallknöpfe an meiner Kleidung brannten sich fast von alleine ab; Nur die Trockenheit der Atmosphäre machte es möglich, diese Reise tagsüber zu unternehmen.

DIE LLANOS. HAWK STEHT AUF EINEM ORGELKAKTUS

Die großen *Llanos* , die sich nach Süden und Südwesten erstrecken, wurden von vielen ausgetretenen Pfaden durchzogen, auf denen die Pferde und Rinder, die hier zu Tausenden umherstreifen, die Pfade ausgetreten haben, die sie genommen haben, um das ferne Wasser zu erreichen. Man sagt, dass diese Tiere, die frei herumwandern, darauf trainiert haben, in der Kühle der Nacht die weiten Ebenen unter den Sternen zu durchqueren.

Gegen halb eins erreichten wir die Minen von El Puerto und überquerten mehrere Stunden lang die Ebene in Richtung des Berges, auf dessen Seite die Minen liegen. Die einzigen Lebewesen, denen wir auf diesen *Llanos begegneten* , waren die Jack Rabbits und gelegentlich ein Roadrunner, diese Vögel waren sehr zahm. Auch wenn seine Hasenart in den Beifuß-Ebenen unseres eigenen Westens für seine blitzschnelle Beingeschwindigkeit bekannt ist, ist er doch sicherlich von seinem mexikanischen Cousin deklassiert. Ein *Vaquero* , gefolgt von ein paar mageren und erfahrenen Hunden, hatte uns an den

Grenzen der *Llanos getroffen* und begleitete uns fast über die gesamte Ebene. Obwohl die Hunde die Macht des Jack-Kaninchens wohl kannten, stießen sie oft auf einen, der im Gras kauerte und so nahe in ihrer Reichweite war, dass sie ihre Lehren aus der Vergangenheit völlig vergaßen und mit vollem Geschrei losfuhren seine Spur. Es war fast lächerlich, die Verzweiflung der Hunde zu sehen, so schnell schossen die Kaninchen außer Sichtweite, ganz außer Kraft der Hunde, mitzuhalten. Das Paar kehrte regelmäßig mit eingezogenem Schwanz zurück, das Bild einer desorganisierten Niederlage.

Wir sind dreihundert Fuß den Berghang hinauf zu einer Gruppe offener, mit Palmblättern gedeckter Schuppen gestiegen, während über uns vulkanische Felsmassen mehr als 2000 Fuß hoch aufragen. Auf der anderen Seite des Flusses Balsas erheben sich offenbar die gewaltigen Höhen der Kordilleren, die sich 12.000 bis 13.000 Fuß über den Meeresspiegel erheben.

Die Mina el Puerto ist eine alte Mine, die heute fast erschöpft ist. denn es wurde fast zweihundert Jahre lang gearbeitet, alles durch eine einzige in den Felsen gehauene Tür, die durch eine große Holztür verschlossen war und durch ein schweres Schloss mit einem schweren Eisenschlüssel verschlossen war. Seit vielen Jahrzehnten hat der Besitzer jeden Morgen den Schlüssel von seinem Gürtel genommen, die große Tür aufgeschlossen und fünfzehn bis zwanzig nackte Indianer die „Hühnerleitern" vierhundert Fuß hinunter in die heißen Minen geschickt. Es gibt keine Belüftung, es gibt keine Pumpen, es gibt keinen anderen Weg rein oder raus. Zwei oder drei Stunden ist die längste Zeit, die ein Mann am Grund dieses Lochs arbeiten kann; Wenn der Indianer es nicht mehr aushält, klettert er hinauf und trägt das Erz, das er herausbekommen konnte, auf dem Rücken oder einen Beutel Wasser, falls welche eingedrungen sein sollten. Um drei oder vier Uhr nachmittags sind sie fertig die untergegangen sind, sind alle wieder herausgekommen. Das gegrabene Erz wird auf einen Haufen unter dem palmengedeckten Dach geworfen; Der Besitzer der Mine schließt dann die Tür ab. Wenn der Erzhaufen durch das Hämmern vieler düsterer Hände zu Pulver zermahlen wurde, wird er in den Holztrögen konzentriert, mit Wasser aus dem drei Meilen entfernten Fluss Balsas gewaschen und in Ochsenfellsäcken auf dem Rücken von Maultieren heraufgebracht; und wenn eine ausreichende Anzahl von 200-Pfund-Säcken mit konzentriertem Erz angesammelt ist, werden vierzig oder fünfzig Maultiere Hals an Schwanz zusammengebunden, mit den Säcken beladen und fast hundert Meilen bis zum Plateau getrieben. Diese Erze waren schon immer besonders reichhaltig, da das darin enthaltene Gold und Silber ausreichte, um die Transportkosten und die Gebühren für die Schmelze zu decken, während das Kupfer für den Nettogewinn übrig blieb.

Die mexikanischen Besitzer lebten gut vom Vermögen ihrer Minen. Tatsächlich war Kupfererz im Boden für sie das Äquivalent von Bargeld auf der Bank. Als sie Geld brauchten, gruben sie in ihrem Erzbett. Sie schmolzen es im Allgemeinen selbst in Rohtonöfen und verwendeten dazu Holzkohle, die in der Nähe verbrannt wurde. Was an Gold und Silber vorhanden sein könnte, wurde ebenfalls in die Kupferbarren gesteckt, und die Barren dienten als Zahlungsmittel. Ein Haufen Bars bedeutete ausgelassene Ausflüge und tosende Junkets. Die Familie und Freunde, die Bediensteten und Diener wurden versammelt, Musketen und Schwerter, Hörner und Mandolinen wurden aufgestellt, Pferde und Lasttiere wurden beladen und aufgeritten, und es wurde eine Tour durch die umliegende Landschaft unternommen. Stierkämpfe, Hahnenkämpfe, Bälle und Fandangos wurden herrlich genossen, Duelle ausgetragen, Herzen gestürmt und die Kupferbarren bis zur letzten Unze eingeblasen. Dann würde das Unternehmen zurückkehren, die schnell verschlossene Tür würde erneut geöffnet und ein neuer Kupfervorrat aus der Mine gefördert werden. Wie Fürsten lebten diese *Señores de las Minas* , solange die Erde ihren verborgenen Schatz preisgab.

ARRANGING A BATTLE

THE VICTOR

EINE SCHLACHT ANORDNUNG UND DER SIEGER

In diesem speziellen Bergwerk passiert so etwas schon seit hundert Jahren. Generationen sind gekommen und gegangen und wieder gekommen, und das Erz ist noch nicht aufgebraucht. Aber die sparsamen Vorfahren schafften es so, nur die geringsten Steuern an den Staat zu zahlen. Warum sollten sie gutes Geld in die juckende Hand der fernen Despoten zahlen, die für einen Moment die höchste Macht in der fernen Hauptstadt innehaben könnten? Der erste Besitzer hatte nur einen halben Hektar „denunziert" (also eingenommen). Dabei schnitt er den Eingang zur Mine auf. Seine Nachkommen haben auf diesem halben Hektar schon immer Steuern gezahlt! Die Regierung hat nie mehr verlangt. Sogar Diaz war zufrieden. So gingen die Arbeiten weiter, breiteten sich aus und verzweigten sich auf die vielen Hektar rund um den einzigen, so gut bewachten Eingang. Die ursprüngliche Fläche von einem halben Hektar war vor langer Zeit abgebaut worden. Und niemand betrat jemals die Mine oder wusste von ihrer Tiefe oder ihrem Breitengrad außer dem Besitzer, der jeden Arbeitstagmorgen den großen Schlüssel aus seinem Gürtel nahm und die schwere Holztür öffnete. Die Indianer gruben und schwitzten und erstickten in den heißen Tiefen, genau wie ihre Vorfahren es getan hatten. Die Familie Castrejon hielt am großen Schlüssel fest und genoss den Ruf grenzenlosen Reichtums. La Mina el Puerto war ein geschäftiger Ort und seine Gastfreundschaft entsprach seinem Reichtum.

So hätte es bis zum heutigen Tag weitergehen können, wenn nicht vor zwei oder drei Jahren ein Unfall passiert wäre. In einer stürmischen Nacht suchten zwei Reisende Schutz unter dem Strohdach von Castrejón. Als sie die *Llanos überquerten* , verirrten sie sich und ihr Pferd warf den Hufbeschlag. Sie erkannten das Licht am Berghang und kamen dorthin. Der zuvorkommende Besitzer der Mine bereitete ihnen einen wahren spanischen Empfang. „Alles, was er hatte, gehörte ihnen!" Sie schliefen in seinen größten Hängematten und aßen seine fettesten *Poios* (Hühner). Die Fremden waren *Gringos* (Amerikaner) und „Missionare" und einer sprach ausgezeichnetes Spanisch und der andere lächelte. El Señor erzählte ihnen, wie viele Jahre er und seine Vorfahren in der Mine gearbeitet hatten, und er prahlte ein wenig mit ihrem Reichtum. Am Morgen wünschten sie ausgeruht, satt und lächelnd ihrem liebenswürdigen Gastgeber ein Abschiedswort, *während* sie seinem *Superintendenten folgten* , der mit ihnen zur Hauptstraße ritt, von der sie abgewichen waren. Die Mine wurde wie immer bearbeitet. Der Vorfall geriet in Vergessenheit. Ein paar Monate später, an einem schwülen Abend, kehrten die *Gringos* zurück und mit ihnen ein Bergbauinspektor der mexikanischen Regierung und eine Gruppe *Rurales* . Das *Fomento* (Innenministerium) hatte ihnen alle Mineralrechte rund um und außerhalb des halben Acres gewährt, in dem sich das große Tor befand. *Los Señores* de Castrejon hatte nie einen Rechtsanspruch auf irgendein Mineral, außer auf das, was unter diesem halben Hektar lag. Wenn Erz von außerhalb dieses halben Hektars entnommen worden wäre, wäre es der Regierung gestohlen worden, und die Strafen für Diebstahl in diesem Land der eisernen Hand sind hoch. Und das Erz, das außerhalb dieses halben Hektars entnommen worden war, gehörte nun den beiden Fremden. Sie könnten vor Gericht klagen und den vollen Wert und alle Rechtskosten zurückerhalten. Die beiden Amerikaner waren sehr höflich, als sie *El Señor* diese Angelegenheiten erklärten . Der Bergbauinspektor war dort, um die Mine und die *Rurales zu untersuchen* , die Repetiergewehre der neuesten Bauart in ihren Händen hielten. *El Señor* war ein diskreter Mann. Er nahm das höfliche Angebot der

lächelnden Amerikaner an, dass sie nicht strafrechtlich verfolgt werden
würden, vorausgesetzt, er machte ihnen eine Urkunde für alle Ansprüche, die
er auf den halben Hektar, die große Tür und alles, was er sonst noch besitzen
könnte, hatte. Er freute sich, die Urkunde zu unterzeichnen. Dann bestieg er
sein Pferd – sie gaben ihm sein Pferd zurück – und ritt einen Bettler davon.
Am nächsten Morgen steckten die Amerikaner den großen Schlüssel in die
Tür, schlossen sie auf und schickten die Indianer zu ihrer täglichen Arbeit.
Der Bergbauinspektor erhielt eine großzügige Entschädigung für seine Mühe
und ritt zufrieden zurück zur *Tierra Fria* . Die *Rurales* wurden veranlasst, noch
eine Weile zu bleiben, als eine Art Schutz vor unvorhergesehenem Unglück.

Die neuen Eigentümer blieben lange genug, um einen neuen einheimischen
Superintendenten mit höherem Gehalt zu beauftragen, und begleiteten die
Rurales dann nach ihrer Rückkehr. Doch *die „Los Americanos“* waren selbst
Gentlemen, die die Staaten in ziemlich überstürzter Flucht verlassen mussten
und bald untereinander in Fehde gerieten. Wie ich erfahre, sitzt einer jetzt in
einem mexikanischen Gefängnis, weil er einen Missionarsbruder ausgeraubt
hat , und der andere ist ebenfalls verschwunden, nachdem er seine eigenen
Anteile sowie die seines Partners an uneingeweihte Käufer in Kansas verkauft
hat. Zum Zeitpunkt unseres Besuchs befinden sich die Minen in den Händen
eines Insolvenzverwalters, und die Einwohner von Kansas sind bestrebt
herauszufinden, „wo sie sich befinden“. Wundern Sie sich, wenn ich Ihnen
sage, dass ich in dieser gesamten alten Bergbauregion ein gewisses Misstrauen
gegenüber amerikanischen Besuchern feststelle, selbst bei mexikanischen
Eigentümern, deren Titel über jeden Zweifel erhaben sind?

Samstag.

Heute früh stiegen Tio und ich in unsere Sättel und überquerten mit einem
indisch-mexikanischen Führer die *Llanos* , um zwei Quarzadern mit Kupfer
zu sehen. Die Adern sind „unangekündigt“ und offen für jeden, der sie
aufnehmen möchte. Wir machten das Ungewöhnliche, mitten am Tag
hinauszugehen, und bevor wir zurückkamen, brannte die Hitze der grellen
Sonne fast wie Feuerflammen. Ich habe nie etwas anderes gekannt als Feuer,
das so verbrennt. Selbst in dieser großen Hitze kamen wir an einem Falken
vorbei, der auf einem Kaktuswipfel stand und nach seiner Beute Ausschau
hielt, ohne sich des Schreckens der Sonne bewusst zu sein.

VAQUEROS ÜBER DEN RIO DE LAS BALSAS

Nach unserer *Siesta* luden wir die beiden Lasttiere, sattelten unsere Reittiere und machten uns gegen vier Uhr nachmittags auf den Weg zum Fluss Balsas, zwei Meilen südlich, und zu der kleinen Stadt Churmuco an seinen Ufern. Von der Bergseite aus warfen wir einen letzten Blick auf die weite Fläche der *Llanos* , die sich zwanzig bis dreißig Meilen in Richtung Westen erstreckte, so eben wie der Boden, und weit dahinter markierte die blaue Linie der Kordilleren den Horizont.

Wir kamen durch mehrere prähistorische Indianerstädte. Ihre Straßen waren regelmäßig angelegt, im Allgemeinen im rechten Winkel, und die Fundamente der alten Häuser waren noch deutlich zu erkennen. An vielen Stellen waren die Grundmauern intakt und bestanden aus abgerundeten Schüsseln, die sorgfältig in einer Reihe in beträchtlichen Schichten übereinander angeordnet waren.

Das fruchtbare Grundland entlang des Flusses, das völlig unbebaut war, beeindruckte mich sehr. Der Boden besteht aus schwarzem und schokoladenbraunem Lehm, kann jede Ernte tragen und ist 20 bis 30 Fuß dick. Es gab nirgendwo Anbau. Diese Ländereien gehören zu einer mächtigen *Hacienda* (eine Hacienda umfasst oft 100.000 bis 2 Millionen Acres), die einem abwesenden *Haciendado gehört* . Es soll etwa zehn Cent (mexikanisch) pro Acre wert sein!

Der Fluss Balsas sieht so breit aus wie der Elk River in West Virginia, wo er in den Kanawha mündet (400 bis 500 Fuß breit). Es ist jetzt Trockenzeit, aber dennoch ist der Fluss schnell und tief, eine Flut aus klarem, blauem Wasser, zu schnell und zu tief, um zu waten oder zu schwimmen. In der Regenzeit muss es ein stürmischer, mächtiger Bach sein, denn sein Fall ist schnell. In der Trockenzeit wird es von den schmelzenden Schneefeldern von Popocatepetl und Ixtaccihuatl weit im Osten gespeist. Man sagt, dass der Bach gute Angelmöglichkeiten bietet und dass es in ihm regelrechte Krokodile (Cayman) gibt.

Als wir uns dem Fluss näherten, fanden wir uns an einer primitiven Fähre wieder, wo zwei wild aussehende *Vaqueros* gerade überqueren wollten. Wir nutzten die Gelegenheit zu einer Fahrt auf dem Balsas, dem größten Fluss Mexikos, banden unsere Pferde im Schatten einer freundlichen Mimose an und bestiegen das Fahrzeug, das als Fähre diente – eine scharfzackige Fähre, deren Einstieg am Heck erfolgt. Die beiden indischen Bootsleute zogen jeweils ein schweres Schwert, aber trotz ihrer größten Anstrengungen trieb uns die starke Strömung eine halbe Meile hinunter, bevor wir am anderen Ufer landeten – einer breiten Sand- und Kieselbank. Unsere Mitreisenden beäugten uns mit misstrauischem Schweigen, jeder hielt seinen *Broncho* fest, damit er nicht heraussprang, und ihre wilden, dunklen Blicke verrieten wenig Freundlichkeit. Als sie das Ufer erreichten, schwangen sich alle lautlos in ihren Sattel und galoppierten davon in Richtung der nicht weit entfernten Kordilleren. Diese stillen, ungezähmten Männer durchqueren dieses trostlose Land überall und behalten ständig den Überblick über die Tausenden von Rindern und Pferden, die durch ihre Einöden streifen. und die Indianer von Guerrero gelten als die wildesten und heimtückischsten von ganz Mexiko.

Beim erneuten Überqueren reisten wir eine Stunde lang durch fruchtbares und unkultiviertes Grundland entlang des Flusslaufs, bis wir die ursprüngliche Stadt Churumuco erreichten, ein nur von Indianern bewohntes Dörfchen, an dem ein indischer Priester aus der heruntergekommenen Kirche blickte, als wir vorbeiritten. Hier fanden wir ein *Fonda* (Gasthaus) mit großem *Gehege* . Eine spanisch-indische Mischlingsfrau, „ *Señora Doña* Faustina", kochte uns ein Abendessen mit Kartoffeln, Reis, *Tortillas* und in Käse gedünsteten *Chilis* (Paprika), die mit klarem, heißem Kaffee heruntergespült wurden. Hier, in der starken Hitze, belebten die scharfen Paprikaschoten und wir aßen sie gierig.

Wir schliefen auf einheimischen Matten, die drei Fuß über dem Lehmboden in der offenen *Terrasse auf Rahmen lagen* . Schweine, Katzen, Hühner, Hunde und Kinder krochen darunter.

Wir rollten uns gerade in unsere Decken, als *Doña* Faustina aufgeregt zu meinen Gefährten Tio und El Padre sprach, und ich entnahm ihrer Rede, dass *Chinchas* , so lang wie deine Hand, die Angewohnheit hatten, über die Dachsparren zu kriechen und sich auf die Ahnungslosen fallen zu lassen Schläfer, während *Tiernanes* (Skorpione) wahrscheinlich in ihnen lagerten, bis sie sich lösten, es sei denn, Ihre Schuhe hingen über dem Boden. Ich hängte meine Pantoffeln über die stechende Reichweite der *Tiernanes* und lag wach, während ich den Abstieg der *Chinchas erwartete* , aber die Müdigkeit und Hitze des Tages, die einschläfernden Einflüsse von *Chilis* und Käse hüllten mich bald in einen Schlaf, aus dem nur das Geschrei unseres weißen Rudels kam Das Maultier erregte mich endlich, als Izus ihm die Last für einen weiteren Tag auferlegte. Die Nacht war warm und stickig, die erste trübe, schwere Luft, die ich in Mexiko erlebt habe. Wir befanden uns nun tatsächlich in der *Tierra Caliente* – wo es heißt: „Die Einwohner von Churmuco müssen niemals in die Hölle fahren, da sie bereits dort leben."

Es war noch nicht einmal drei Uhr morgens und noch dunkel. *Ros* und *Poios* und Kaffee waren bereits für uns vorbereitet. „ *Adios, Doña Faustina!* „ *Adios, Señorita!* „ „ *Adios, Señores!* „ „ *Adios, adios!* „Und wir trotteten aus dem *Gehege* und wandten uns nach Norden, zogen eine tief eingeschnittene *Baranca hinauf* über einen allgemeiner befahrenen Pfad als den, über den wir gekommen waren. Die Kälte der Nacht kühlte uns nicht mehr, die Luft war fast warm, und am Himmel über uns zeichnete sich kein Anzeichen des Tages ab; Die schwarzen Räume der Nacht waren noch voller großer weißer Sterne. Die Sternbilder im Norden kannte ich gut, aber im Süden gab es viele völlig neue, und das höchste von allen, das sich einfach an die gigantischen Berggipfel schmiegte, leuchtete das prächtige Sternbild des Kreuzes des Südens, das ich zum ersten Mal erblickte. Wir zügelten unsere Pferde, drehten uns um und sahen zu, wie die großen, glänzenden Sterne herabstiegen und hinter dem undurchdringlichen Vorhang der hoch aufragenden Kette der Kordilleren verschwanden.

DIE LANDUNG, RIO DE LAS BALSAS

Der Balsas River lag nun hinter uns. Die *Baranca*, die wir hinaufstiegen, wurde breiter. Wir befanden uns auf den ausgetretenen Pfaden von Guerrero und sogar Acapulco im Norden. Bevor die Sonne aufging, waren wir viele Meilen unterwegs. Und gut für uns war es so, denn die Hitze des Tages war die schrecklichste, die ich je ertragen musste. Die Tiere schwitzten nicht, wir auch nicht, dafür war die Luft zu trocken, aber mein Blut kochte, meine Knochen brannten und meine Haut war von der glühenden Hitze der Sonne ausgetrocknet. Sogar die Cowboys, denen wir hier und da begegneten, saßen schweigend in ihren Sätteln im dichtesten Schatten der Mimosen und Mesquits.

Das Land war öde, es gab keine Behausungen außer hier und da einsamer *Ranches* oder Rastplätzen am Wegesrand, wo vorbeikommende Reisende vielleicht eine Unterkunft und vielleicht Nahrung für sich und ihre Tiere fanden. Das einzige Geräusch war das dröhnende Surren von Millionen Zikaden.

Es war fast Mittag, als wir den dankbaren Schutz von La Mina Noria erreichten, wo wir verweilen und uns erholen konnten, bis wir in den kühleren Abendstunden weitermachen würden.

XIV
Zwischenfälle am Wegrand im Land der Hitze

MINA NORIA NACH PÁTZCUARO,

8.-10. Dezember.

Später am Tag stiegen wir das San Pedro-Tal hinauf zur Hacienda Cuyaco. Es dämmerte gerade, als wir die Musik der Geigen hörten. Wir stießen auf eine Indianersiedlung, die aus zwei Gebäuden bestand, die durch eine breite, strohgedeckte Veranda verbunden waren. Hier auf der Veranda spielten mehrere dunkelgesichtige Jugendliche einen langsamen spanischen Fandango, und zwanzig oder mehr junge Mädchen, in Viererreihen angeordnet, machten Schritte zur Musik, wiegten ihre Körper und schüttelten kleine Kürbisse, die mit Wasser gefüllt waren Kieselsteine, für Kastagnetten. Der Enthusiasmus der Musiker, die Nüchternheit, Ernsthaftigkeit und Anmut der Tänzer bei ihren Schritten und Posen ergaben ein bezauberndes Bild. Sie waren weiß gekleidet, hatten Blumen im schwarzen Haar und tanzten mit unbeschwerter Würde. Wir hielten unsere Pferde an und beobachteten die feierliche Gesellschaft, niemand schenkte unserer Anwesenheit auch nur die geringste Beachtung, außer um unser „ *Buenas Dias* " und unser Abschieds-„ *Adios* " zu begrüßen.

Als die Nacht über uns hereinbrach, waren wir schon weit auf der Straße. Gerade als die Dunkelheit hereinbrach, trafen wir auf eine Gruppe Indianer mit ihren *Eseln* . Sie hatten angehalten. Jeder Indianer hatte seinen *Sombrero* abgelegt . Ein Indianer kniete und bekreuzigte sich. Sie standen vor einem kleinen groben Kreuz, das aus einem Steinhaufen ragte. Jeder warf noch einen Stein auf den Haufen, bekreuzigte sich, beugte die Knie und ging weiter. Es war ein Ort, an dem der Tod einen Reisenden getroffen hat. Das Kreuz heiligt den Ort. Die Steine markieren ihn dauerhaft und von Jahr zu Jahr wird der Stapel größer, da jeder vorbeikommende Reisende einen Stein hinzufügt.

Die Nacht fand uns in einem primitiven Indianerheim; ein Strohdach über einem Lehmofen. Im *Pferch* waren bereits mehrere Herden Packesel für die Nacht abgeladen worden. Unter dem Strohdach waren die Fahrer in ihre *Winterjacken gehüllt* und schliefen tief und fest. Wir rollten unsere Feldbetten aus, stellten sie unter den Sternen auf und schliefen ein, so wie wir waren. Um zwei Uhr waren wir geweckt, bevor die anderen aufstanden. Wir kochten Tassen Kaffee aus dem heißen Wasser auf dem Herd, wo das schwelende Feuer die ganze Nacht über brannte, und saßen in unseren Sätteln, bevor das Kreuz des Südens außer Sichtweite gesunken war. Wir sollten einen tollen Tagesritt machen und sogar bis nach Ario vordringen, wenn das möglich wäre, vierundzwanzig Meilen entfernt (sechzig Meilen) und fünftausend Fuß über uns in der Luft. Sollten wir dazu in der Lage sein?

DIE MÄCHTIGEN KORDILLERN

Um acht Uhr erreichten wir die Rancho Cuyaco und machten Halt, um köstliche Tassen Schokolade und so viele Orangen und Bananen zu besorgen, wie wir essen konnten. Die vom Mexikaner zubereitete Tasse Schokolade ist ein köstliches Getränk. Jede Tasse wird separat hergestellt. Die Schokoladenbohne wird in einem Mörser zerstoßen und gerade so viel Vanilleschote, die hier reichlich wächst, wird damit vermischt, um ihr einen exquisiten Geschmack zu verleihen. Die Schokolade ist dick und cremig, und wenn Sie Ihre Tasse nachfüllen möchten, müssen noch zehn Minuten vergehen, bis Sie sie bekommen. Kein Getränk ist für den Reisenden so erfrischend wie eine Tasse dieser köstlichen Schokolade.

Um neun Uhr überquerten wir erneut den Fluss La Playa, passierten den gleichnamigen Rancho und begannen den großen Aufstieg in Richtung *Tierra Fria* . Ich begann in Hausschuhen, Leinenhosen und einem dünnen Pyjamamantel. Auf halber Höhe der fünftausend Fuß zog ich mein Wolltrikot an; Gegen Mittag durchquerten wir die Kiefern- und Eichenwälder in der Nähe von Rancho Nuevo und zitterten vor Kälte. Dort wurden schwere Schuhe und warme Cordhosen angezogen. Das haben wir fünf Stunden, bevor wir in der sengenden Hitze eine Meile tiefer brannten und backten, vergessen.

In Rancho Nuevo erwartete uns eine aristokratische Gesellschaft von Damen und Herren aus der fernen Region La Union in der Nähe des Pazifiks – drei *Señores* und zwei *Señoras* mit einer Reihe indianischer Begleiter. Sie ritten prächtige Pferde, und ihre Sättel und ihr Geschirr waren von der prächtigsten mexikanischen Marke. Der Leiter der Firma war ein älterer Mann mit weißem Haar und weißem Bart, einem bedeutenden *Haciendado* . Er trug schmale , spitze Schuhe aus hellbraunem Leder; seine Beine waren in hohe Ledergamaschen gehüllt, die bis über die Knie reichten; seine Hosen waren eng anliegend, mit silbernen Kordeln geschnürt und an den Seiten mit silbernen Knöpfen versehen; Ein weiches weißes Leinenhemd war locker am Hals mit einem schwarzen Seidenschal befestigt, und eine kurze schwarze Samtweste und eine Samtjacke mit silbernen Knöpfen und vielen silbernen Borten vervollständigten das Kostüm. Sein hochfilziger *Sombrero* von grauer Farbe trug auf der rechten Seite ein großes silbernes Monogramm. Um seine Taille trug ein Ledergürtel Pistolen, und an beiden Fersen klirrten große Sporen. Die anderen beiden *Caballeros* waren in gleicher Weise gekleidet und bewaffnet. Die Damen trugen lange Reitanzüge, die sie beim Gehen mit beiden Händen festhielten. An den Fingern der älteren Frau befanden sich einige feine Ringe, die jüngere trug große Reifringe in den Ohren, während an ihrer linken Hand ein Diamant blitzte. Ihre Sättel waren wie Stühle, auf denen sie seitlich saßen und beide Füße auf einem hölzernen Geländer abstützten. Ich konnte nicht erkennen, ob sie ihre Tiere selbst mit den Zügeln führten oder ob diese an den langen Halfterleinen geführt wurden, mit denen die Zügel versehen waren. Als wir ankamen, war die Küche gerade dabei, das Abendessen für diese Gäste vorzubereiten. In der Zwischenzeit streckten sich die Damen für ihre Mittagssiesta auf den Holzbänken aus, *und* die Männer standen in Gruppen herum und beobachteten uns mit misstrauischer Miene. Die Wahrheit ist, dass die Mexikaner der besseren Klasse die Amerikaner mit großem Zweifel betrachten. So viele Amerikaner haben ihr Heimatland zum Wohle ihres Landes verlassen; So viele amerikanische Schurken haben die Gastfreundschaft der mexikanischen Gastgeber ausgenutzt, dass der Mexikaner von heute gelernt hat, Empfehlungsschreiben zu verlangen, bevor er dem fremden Amerikaner die Höflichkeit erweist, die er rassistisch instinktiv entgegenbringt.

Die Gruppe traf zuerst ein, aß, packte um, bestieg ihr Pferd und reiste einige Zeit vor uns weiter, obwohl wir unsere eigene Abreise beschleunigten und die Mittagspause verkürzten, damit wir Ario erreichen konnten, bevor die Nacht hereinbrach.

In den letzten Tagen bin ich auf meinem Maultier geritten, ohne die Belastung durch das schreckliche Gebiss und Zaumzeug, mit denen er zu Beginn ausgestattet war, und habe ihn nur am Halfter geführt, und ich habe festgestellt, dass er der bessere Schrittmacher ist. Er ist schwarz gefärbt, überdurchschnittlich groß und stammt von der überlegenen Rasse ab, für die Spanien und Mexiko seit langem berühmt sind: dem hochrassigen Reitmaultier. Er hat sich seines Vertrauens als würdig erwiesen, denn während dieser gesamten Reise ist er kein einziges Mal gestolpert oder hat auch nur einen einzigen falschen Schritt gemacht, ganz gleich, wie holprig der Weg oder steil der Abgrund war, über den wir gegangen sind. Heute, kurz vor dem Ende der Reise, ist er das überlegene Tier der ganzen Truppe, obwohl ich zu Beginn Zweifel an meinem Reittier hatte. Heute Nachmittag habe ich ihn Tio geliehen, dessen schwere Masse den Rücken seiner Stute beschädigt hat. Ich habe mein leichteres Gewicht gegen dieses unglückliche Tier eingetauscht, dessen Wunden niemals heilen dürfen und das von aufeinanderfolgenden Reisenden geritten wird, bis es ermüdet und bis zu seinem Tod gequält wird.

Kaum war der Tag zu Ende, blickten die weißen Mauern von Ario von den darüber liegenden Hängen auf uns herab und wir wurden von unserem Gastgeber im Hotel Morelos mit der Herzlichkeit eines alten Freundes empfangen. Er war Tio gegenüber besonders herzlich, und ich wurde nun Zeuge der Umarmung alter Bekannter in ihrer ganzen Vollkommenheit, die bei den Mexikanern das besondere Zeichen der Wertschätzung darstellt. Unser Gastgeber und Tio ergriffen ihre rechte Hand und schüttelten sie herzlich, dann näherten sie sich mit immer noch gefalteten Händen dem anderen, blickten über die linke Schulter des anderen und klopften ihm mehrmals kräftig auf den Rücken. Dieser Vorgang wurde in Abständen mehrmals wiederholt, bis sich die beiden schließlich unter vielen Verbeugungen tiefer Wertschätzung trennten. Eines Morgens saß ich auf der Plaza Grande vor der großen Kathedrale in Mexiko-Stadt und sah zu, wie zwei zufällige Bekannte sich auf diese Weise begrüßten; Zuerst schüttelten sie sich die Hände, dann umarmten sie sich, dann schüttelten sie sich noch einmal die Hände und wiederholten während des langen Gesprächs alle paar Minuten den Händedruck und die Umarmung, wobei jeder dem anderen scheinbar versicherte, dass er wirklich der Freund war, als der er sich ausgab.

Wir waren tatsächlich in Ario angekommen. Wir hatten seit dem frühen Morgengrauen einen großartigen Ritt hinter uns, waren mehr als zehn Stunden im Sattel, legten etwa sechzig Meilen zurück und stiegen fünftausendvierhundert Fuß auf! El Padre und ich betraten zuerst die engen Gassen, wenig später kam unser *Mozo* Izus, der unsere Lasttiere vor sich hertrieb, und eine halbe Stunde hinter ihm kamen Tio und mein Maultier. Er erklärte, das Tier sei fast tot, und wir befürchteten, dass es so sein könnte, aber als wir uns am nächsten Morgen zum Wiederaufbruch bereit machten, fanden wir sein Maultierschiff und auch die Pferde in vollkommener Verfassung, als wäre es nicht mehr lange her Die schwüle Reise und der monströse Aufstieg waren die Strapazen des gestrigen Tages gewesen.

Die Luft im Hochland war frisch und scharf. Sein Stärkungsmittel war so belebend, dass wir die Müdigkeit vergaßen und die Reise nach Santa Clara und Pátzcuaro genauso einfach machten wie bei unserer ersten Abreise.

Auf diesen Hochebenen werden Tausende von Schafen gezüchtet, und mit Interesse stellte ich fest, dass die meisten der beträchtlichen Herden, die wir auf den weiten Weideflächen entlang unserer Straße grasen sahen, schwarz waren. Dies soll das Ergebnis mexikanischer Vernachlässigung sein. Das weiße Schaf ist das Kunstwerk. Herden bleiben weiß, indem man das Schwarze ausmerzt, aber so wie Schweine, wenn man sie frei lässt, wieder die kräftigere Farbe annehmen, so sind es auch die Herden Mexikos, die seit dem Tag, als die spanische Herrschaft zerstört wurde, völlig vernachlässigt wurden. sind zum härteren Farbton zurückgekehrt, bis heute ist der größere Prozentsatz schwarz. Diese schwarzen Schafe jetzt zu vernichten, wäre ein zu großer Verlust.

In einem Land wie diesem, in dem das Pferd, das Maultier, der *Esel* und der Mensch die Haupttransportmittel sind, ist man immer wieder erstaunt über die schweren Lasten, die man trägt, und über die Geschicklichkeit und Sorgfalt, mit der die Lasten getragen werden. Ein Klavier wird auseinandergenommen, auf einen Maultierzug gepackt und in ein entferntes Dorf oder *eine Hacienda gebracht*. Auf diese Weise werden elegante und fragile Möbel vermittelt, die in Frankreich oder anderen kontinentalen Ländern hergestellt wurden. In jeder Gemeinde gibt es erfahrene Tischler, die die teuersten Möbel reparieren und zusammenbauen können und die die Arbeit so geschickt ausführen, dass sie noch stabiler sind als bei der ursprünglichen Herstellung.

EINE SCHAFHERDE IN DER NÄHE VON ARIO

Es gibt keine Last, die nicht ein einzelner Indianer oder ein paar Indianer oder ein Dutzend Indianer bis zu irgendeinem Punkt oder über eine beliebige Entfernung, die Sie nennen mögen, auf ihren Schultern tragen würden. Diese Lasten und Bürden werden mit einer Sorgfalt und Sicherheit transportiert, die den Gepäck- und Frachtvernichtern unserer modernen Eisenbahnen eine Lehre sein könnte.

Als wir uns Patzcuaro näherten, überholten wir Scharen von Indern, Männern, Frauen und Kindern, die alle in die gleiche Richtung wie wir reisten. Auf Nachfrage erfuhren wir, dass sie nach Pátzcuaro reisten, um an dem *Fest* zu Ehren Unserer Lieben Frau von Guadaloupe, der Schutzpatronin Mexikos, der Indianermadonna, teilzunehmen, die von den dunkelhäutigen Bürgern der Republik verehrt wird . Je näher wir uns der Stadt näherten, desto größer wurde der Andrang der Peonen auf den Zufahrtswegen. In der Stadt wimmelte es auf den Straßen von diesen seltsamen, wilden Menschen – die meisten von ihnen waren Tarascon-Indianer –, von denen viele das ganze Jahr über für diesen Anlass gespart hatten und jetzt hierher kommen, um ihre spärlichen Schätze in einer einzigen Woche einzublasen. Tausend Glücksspiele waren in vollem Gange. Alle möglichen Pläne wurden geschmiedet, und jeder einzelne von ihnen zielte darauf ab, den frommen Inder seines äußersten *Centavo zu berauben* . Entlang der Bordsteine wurden Hunderte kleiner Holzkohlefeuer angezündet, auf denen Essen über Kohlenbecken röstete. Männer gingen mit Schweinsledersäcken voller *Pulque* auf dem Rücken und einem Kürbisbecher in der Hand durch die Straßen und riefen: „Nur einen *Centavo* für einen Drink!" *Dulce-* Jungen trugen große Körbe mit Guaven-Süßigkeiten und kandierten Früchten auf dem Kopf. Bäcker gingen mit Brotringen um den Hals und kleinen Brotringen um den Arm vorbei. In den Kirchen wird Tag und Nacht ein ununterbrochener Gottesdienst abgehalten, und der fromme Spieler auf dem *Platz* hat die volle Gelegenheit, den Peon zu berauben und die Kirche zu bereichern. Am Wegesrand hocken Gruppen von Indianern und tauschen Klatsch aus; Hunderte von Männern lehnen an den Wänden, wo immer der Schatten Schutz vor der Sonne bietet, schweigend und in bunte *Zerapes gehüllt* , sie sehen alles, sagen aber kein Wort. In der Fonda Diligencia, neben der großen Kirche, hat eine Gesellschaft von Glücksrittern aus Mexiko-Stadt, gekleidet in Frack und Ofenrohrhüten, hübsche Partien *Caballos* und *Rouge et Noir eröffnet* , und um diese herum sind die *Dons* und *Doñas* der Stadt versammelt Stadt. Ich sehe einen Priester an den Tisch treten, sein Geld hinlegen und gewinnen; ein unternehmungslustiger Inder, der den *Padre* fragend beäugt hat, jetzt beruhigt ist, tritt ebenfalls vor, legt ein paar *Centavos hin* und verliert alles!

STRASSENSZENE – PATZCUARO

Wir ruhen uns erneut im Hotel Concordia aus. Wir finden unser Zimmer, in dem unser Gepäck sicher untergebracht ist. Wir ziehen unsere Cordhosen aus, ziehen frische Bettwäsche an und erscheinen wieder so gekleidet, wie wir es zu Hause tun würden. Es tut Izus leid, sich zu verabschieden. Für seinen effizienten Dienst erhöhen wir seinen Lohn um die Hälfte, und zu seiner Freude schenke ich ihm mein großes Bowiemesser. Ich biete ihm den doppelten Preis für den schönen Kampfhahn, den er aus Noria mitgebracht hat, aber darauf wird er nicht verzichten. Er hat einen Nachbarn, dessen Huhn vor einigen Monaten sein eigenes Huhn getötet hat. Er hat jetzt einen Vogel gefunden, der ihm süße Rache bereiten wird, und was den Verkauf angeht, hat Geld in seinen Augen keinen Wert!

XV
Morelia – Die Hauptstadt des Bundesstaates Michoacan – Ihre Straßen – Ihre Parks – Ihre Kirchen – Ihre Musik

Morelia, Bundesstaat Michoacan, Mexiko,

12. Dezember.

Der Kongress des großen Bundesstaates Michoacan, der so groß ist wie zehn West Virginias und eine Bevölkerung von 650.000 Einwohnern hat, tagt in der Landeshauptstadt Morelia. Es trifft sich dreimal pro Woche im Palast. Ein gelehrter Rechtsanwalt und Kongressabgeordneter begleitete mich zu der würdigen Versammlung und stellte mich offiziell als *„ Señor Licénciado Eduardos, del Estado de ‚Quest Verhinia‘, de los Estados Unidos del Norte"* vor. „Alle Mitglieder standen auf, um mich zu empfangen. Es gibt nur eine Kammer. Seine vierzehn Mitglieder erlassen alle Gesetze für Michoacan, immer vorbehaltlich der Zustimmung von Präsident Diaz in Mexiko-Stadt. Diaz entscheidet, wer die vierzehn Mitglieder sein sollen. Er weist den Gouverneur des Staates an, die vierzehn Männer, die er benennt, gewählt zu haben, und diese vierzehn werden immer gewählt und keine anderen. Präsident Diaz sagt auch, wer zu den Gouverneuren der verschiedenen Staaten gewählt werden soll, und sie werden immer gewählt.

Nachdem dieser Kongress mich gegrüßt hatte und ich mich als Antwort verbeugt hatte, setzten wir uns alle in den schönen Raum. Die vierzehn waren größtenteils kleine, dunkle Männer mit guten Köpfen. Der Präsident des Kongresses war ein alter Mann mit weißem Haar, faltigem Gesicht und langem weißen *Schnurrbart* . Er hat zu allen Maßnahmen die meiste Rede gehalten. Er blieb sitzen, während er redete. Das erste Thema vor dem Kongress waren „Berichte der Ausschüsse". Jedes Mitglied war ein ganzes Komitee. Jeder Ausschuss erstellte einen Bericht und stand auf, um ihn dem Präsidenten gegenüberzustellen. Das Hauptanliegen, das in Betracht gezogen wurde, war eine Eisenbahnkonzession an die Amerikaner, die eine Landgewährung von Tausenden von Acres beinhaltete. Der Kongress wird es gewähren, weil Präsident Diaz sagt, dass die Eisenbahn es haben sollte. Nach einer oder mehrstündigen Diskussion vertagte sich der Kongress. Die Mitglieder kamen und wurden vorgestellt. Ich habe jedem Mitglied mehrmals die Hand geschüttelt und noch öfter dem Präsidenten.

An die Kongresshalle schlossen sich mehrere große Räume an, deren Wände mit Porträts der großen Männer Michoacans hingen, die zur Befreiung Mexikos beitrugen und zur Zerstörung Maximilians beitrugen. Diese schöne Stadt mit 35.000 Einwohnern hieß früher Valladolid. Aber als die Spanier den Patrioten Morelos schmachvoll in den Rücken schossen, änderten die Leute seinen Namen in Morelia – denn Morelos war ihr Mitbürger – und als die letzten Spanier die Kirchenglocken läuteten, machten sie Freudenfeuer und beleuchteten ihre Häuser Der Vizekönig wurde aus dem Land vertrieben.

Den *Señor*, von dem ich die Ehre hatte, dem Kongress vorgestellt zu werden, hatte ich anschließend das Vergnügen, ihn in seiner Anwaltskanzlei näher kennenzulernen, *Señor Don Licénciado* Vicente Garcia, Senator, Richter, Staatsrat und Anwalt, der sich mit Neugierde bestens auskennt Erlernen des spanisch-mexikanischen Rechts. Er ist ein Gentleman der alten Schule, ein kultivierter Mexikaner dieser kleinen Klasse, unter der seit dem frühesten Aufkommen der wenigen Doktoren des Rechts, die die ersten Vizekönige nach Neuspanien begleiteten, kontinuierlich Gelehrsamkeit und Gelehrsamkeit bewahrt wurden. In der mittelalterlichen Gelehrsamkeit reife Männer bildeten unabhängig von den Lehren und Doktrinen des kanonischen Rechts in Mexiko, wie auch im alten Spanien, immer eine eigene Klasse und hegten eifersüchtig jenen Samen intellektueller Unabhängigkeit, aus dem sich erfolgreich die Opposition entwickelt hat des Staates zum unaufhörlichen und verdeckten Übergriff der römischen Kirche.

In *Señor* Garcias Bibliothek mit gut bestückten Regalen entdeckte ich viele seltsame und alte Bände mit Pergamentblättern, die einige der frühesten gedruckten Kodizes des mexikanischen Rechts sowie Abhandlungen in französischer Sprache über den Code Napoléon enthielten, und es gab einige wenige Entscheidungen in französischer Sprache , der Gerichte von Louisiana. Es gab auch einen Blackstone in englischer Sprache und ein paar neu gebundene juristische Abhandlungen in dieser Sprache – Bände, die seinem Sohn gehörten, sagte er, der an der University of the State einen Spezialkurs in Englisch belegte.

EIN AUSBLICK AUF MORELIA

Don Licénciado Garcia ist ein kleiner Mann mit weiß werdendem Haar, grauem Schnurrbart und intellektuellem Gesicht. Man erkennt sofort, dass er ein Student und ein Gelehrter ist, obwohl er uns mit einer dunklen Brille vor den Augen mitleiderregend mitteilte, dass er schnell erblindete. Tatsächlich kann er weder schreiben noch lesen, sondern beschäftigt einen Leser und vertraut die gesamte Korrespondenz seinem Sohn an, sodass er seine große Praxis mit anderen Augen und Händen als seinen eigenen führt. Wir fanden, dass er ein vielbeschäftigter Mann war, denn in Mexiko tagen die Gerichte ständig, und ein einmal anhängiger Fall kann jederzeit verhandelt werden.

In der mexikanischen Republik gibt es viele Männer wie *Señor* Garcia, und ihnen muss wirklich ein Großteil der konservativen Haltung der Regierung zugeschrieben werden. Sie sind die Bewahrer des wissenschaftlichen Liberalismus und bilden eine Gemeinschaft von Intelligenz und Gelehrsamkeit, auf die sich Präsident Diaz stets verlassen kann, wenn es um Unterstützung und Führung bei der Aufrechterhaltung und Bewahrung der Stabilität der Republik geht.

Morelia ist eine Stadt, die älter ist als jede andere Stadt der Vereinigten Staaten. Seine Straßen wurden gepflastert, bevor Boston aus den Sümpfen herauskam und bevor an Richmond gedacht wurde. Alle mexikanischen Städte sind gepflastert, jede Straße, jede Gasse. Ein großes Aquädukt, das auf riesigen Bögen gebaut ist, sorgt für eine reichliche Versorgung mit süßem, frischem Wasser. In diesen mexikanischen Städten gibt es viele wunderschöne Parks, die alle auf kommunale Kosten in perfektem Zustand gehalten werden. In ihnen blühen ständig blühende Sträucher, Rosen, Geranien und Heliotrope, die zu wahren Bäumen herangewachsen sind; es gibt Orangen- und Zitronen-, Granatapfel- und Feigen-, Palmen- und Bananenbäume; Es gibt Statuen und fließende Brunnen sowie große geschnitzte Steinsitze, die den Menschen kostenlos zur Verfügung stehen.

Auf diesen Hochebenen gibt es reichlich fließendes Wasser, und die von der Turbine und dem Dynamo genutzte Energie versorgt die Menschen bereits mit kostenlosem elektrischem Licht. Die mexikanischen Städte und Stadtverwaltungen werden zum Wohle der Menschen geführt. Es gibt keine Monopole. Wenn Präsident Diaz hört, dass ein Bürgermeister, ein Stadtrat oder ein Kongress die Dinge nicht so führt, wie er es für richtig hält, deutet er den Herrn lediglich an, zurückzutreten. Kommt er dem nicht nach, wird er höflich eingeladen, in die Hauptstadt zu kommen und mit dem Präsidenten zu speisen. Wenn er keinen Hunger hat und nicht kommt, kommen ein paar Soldaten (in einem Fall eine kleine Armee) und begleiten den Herrn höflich zum Abendessen. Er kann erschossen werden, es kann sein, dass man ihm erlaubt, ruhig irgendwo in der Stadt des Präsidenten zu leben, mit einem Soldaten als Lebensgefährten – aber er geht nie nach Hause. Ein ehemaliger Gouverneur des Bundesstaates Guerrero lebt seit zwanzig Jahren mit einem Soldaten als Kumpel in Mexiko-Stadt!

DIE KATHEDRALE – MORELIA

Mexikanische Städte sind sauber. Ein Mann, der seinen Bürgersteig nicht fegt, der sich nicht an die Aufforderung hält, ihn sauber zu halten, kann im Gefängnis aufwachen. In Mexiko gibt es kein „ *Habeas Corpus* ". Einmal im Gefängnis, kann ein Mann ein Leben lang dort bleiben. Und mexikanische Gefängnisse sind keine angenehmen Orte, an denen man lange verweilen kann.

Jeder Staat ist in *Distritos unterteilt* , die unseren Landkreisen entsprechen. Jeder *Distrito* verfügt nicht über ein Bezirksgericht wie in unseren Bezirken in West Virginia, sondern über einen *Jefe Politico* (politischer Chef), der vom Gouverneur ernannt wird. Er sorgt für den Frieden, er regiert den Landkreis. Wenn er ein schlechter Mann ist, kann der Gouverneur mit Zustimmung von Präsident Diaz den *Jefe* entfernen oder erschießen lassen. Der *Jefe* („Hefy") innerhalb seines *Distrito* hat die Macht über Leben und Tod. Wenn ein Bürger in seinem Revier „zu viel Ärger" macht, wird er sofort von einer Gruppe Rurales (*Landpolizisten*) in den Wald gebracht und sofort erschossen, und er wird dort begraben, wo er hinfällt. Ein auf diese Weise festgenommener und erschossener Mann soll „versucht zu fliehen und dabei erschossen worden sein". Es werden keine Fragen gestellt. Der *Jefe* regiert seinen *Distrito* mit einer Hand aus Stahl in einem Samthandschuh, so wie Präsident Diaz die Nation regiert.

Mexiko hat eine fähige, intelligente, wenn auch willkürliche Regierung. Sie ist wach. Sie ist fortschrittlich. Ich war erstaunt über den Reichtum und die Schönheit, die Sauberkeit und den Komfort ihrer Städte, über die Pracht ihrer Hauptstadt, über die Fruchtbarkeit und Vielfalt ihrer Böden und Klimazonen – den ewigen Frühling von Ario und Morelia und Toluca und Mexiko Stadt – der ewige Sommer und die tropische Hitze des Tieflandes der *Tierra Caliente* , während zwischen dem hohen Hochland und dem Tiefland die gemäßigten Ebenen, die *Tierra Templada* , liegen, wo das Klima von Kuba bis Quebec reicht.

Vor dreihundert Jahren war die spanische Zivilisation der Englands und Deutschlands voraus. Doch Spanien und seine Kolonien standen still. Heute sind unsere germanischen Völker führend. Fortschrittliche Mexikaner, die Spanien nicht lieben, wissen das und lernen schnell, was wir zu lehren haben.

Nichts hat mir in diesem herrlichen, wohlhabenden Land mehr Freude bereitet, als zu entdecken, dass überall Männer begierig darauf sind, die amerikanische Sprache zu lernen. Diese Sprache wird an allen öffentlichen Schulen und an allen Hochschulen gelehrt. Es ist die Hoffnung und der Stolz jedes vermögenden Mannes, dass sein Sohn Englisch sprechen kann. In fünfzig Jahren oder weniger wird das Englische die spanische Sprache weitgehend verdrängt haben, und niemand ist mehr auf dieses Ergebnis bedacht als die fortschrittlichen Herrscher Mexikos.

Morelia hat großen Bürgerstolz, und vor allem ist sie stolz auf ihre Musik; stolz auf ihre Bands. Einmal im Jahr veranstalten die Musical- *Morlianos* einen Wettbewerb untereinander, und die zum Sieger erklärte Band wird nach Mexiko-Stadt geschickt, um mit Bands aus anderen Städten um die musikalische Vorherrschaft der Republik zu kämpfen. Diese Musikwettbewerbe erfreuen sich großer Beliebtheit. Mehrere Jahre lang gewann die Siegerkapelle von Morelia den nationalen Preis. In der Band zu spielen ist ein Zeichen der Auszeichnung, und der Bandleader ist ein lokaler Würdenträger. Die Hauptkapelle spielt jeden Nachmittag auf dem *Platz* . Dieser Park ist voller schöner Bäume und vieler Blumen und verfügt über mehrere Springbrunnen und bequeme Sitzgelegenheiten, auf denen Sie sitzen und dem Plätschern des Wassers und den bewegenden Melodien der Band lauschen können. Diese Plätze sind für alle kostenlos. Dann gibt es auch Stühle, für die die Stadt das Privileg verkauft, und die Stühle werden für *Cinco Centavos* (fünf Cent in Mexiko, das entspricht etwa zwei Cent in den USA) pro Stunde für einen einfachen Stuhl mit rauem Boden gemietet; *Vicenti-Cinco Centavos* (25 Cent mexikanisch) für einen großen Stuhl mit Armlehnen. Sie zahlen Ihr Geld, sitzen auf Ihrem Stuhl und genießen die Musik, solange Sie Lust haben, zuzuhören. Auf den freien Bänken sitzen arme *Landsleute ;* Wer die wenigen *Centavos übrig hat* , mietet einen einfachen Stuhl. Die reichen Kaufleute und *Haciendados* mieten die großen Stühle und sitzen dort mit ihren Familien, klatschen und applaudieren der Musik und beobachten die Menschenmengen, die den Platz umkreisen. Die *Señoritas* gehen zu dritt oder zu viert nebeneinander und mit Begleitpersonen auf der Innenseite des breiten Bürgersteigs. Die schneidigen *Caballeros* und *Rancherros* , die Kerle und die Beaux, in ihrer tapfersten Pracht, gehen zu dritt oder zu viert nebeneinander in die andere Richtung auf der Außenseite. Junge Herren sprechen auf der Straße vielleicht nie mit jungen Damen, aber sie werfen ihnen brennende Blicke zu, und die schwarzen Augen der *Señoritas* reagieren nicht langsam.

Ich verbrachte einen Vormittag damit, mir die Märkte anzuschauen und das Stadtleben auf den Straßen zu beobachten. In Mexiko wird Ihre soziale Stellung durch das Beschlagen Ihrer Füße und das Bedecken Ihres Kopfes gekennzeichnet; Ihre Stiefel und Ihre Hüte sind die beiden Dinge, auf die ein Mexikaner zuerst schaut, wenn er sich Ihnen nähert. Der Mexikaner liebt es, seine Füße in lange, schmale Schuhe mit Zahnstocherspitzen zu stecken; Je kleiner und zierlicher, desto glücklicher ist er. Für einen Hut deckt der kostspielige *Sombrero* , für den oft fünfzig bis hundert Dollar bezahlt werden, den wohlhabenden Mann ab; manchmal kostet ein Hut das Doppelte dieser Summe. Es kann aus Filz oder aus teurem geflochtenem Stroh mit einem Band aus gewebten Gold- oder Silberfäden um die Krone bestehen. Im Allgemeinen befindet sich auf einer Seite ein großes, mehrere Zentimeter hohes Gold- oder Silbermonogramm. Ich trug ein Paar ölgetränkte

Wanderschuhe mit breiten Sohlen und großen Ösen für die Schnürsenkel. Fest und bequem wären sie in den Staaten völlig korrekt gewesen, doch die vorbeiziehenden Menschenmengen auf den Straßen starrten mit offenkundiger Verblüffung auf diese für sie außergewöhnlichen Schuhe. Meine robuste Fußausrüstung wurde zum Kommentar der Stadt. Als ich nachmittags im Park saß, kamen mehrere Gruppen junger und modischer Leute vorbei, hielten inne und betrachteten aufmerksam meine neuartigen Schuhe. Auch mein Hut, ein bequemer Schlapphut im Trooper-Stil, schien ihnen wunderbar günstig zu sein – „Nur fünf Dollar für einen Hut!" „*Ciertamente! El Señor* muss mehr bezahlt haben!" Auch die amerikanische Hose, die nicht eng am Bein anliegt, wurde bemängelt. Es wird beklagt, dass die jungen Männer aus wohlhabenden mexikanischen Familien, die jetzt Cornell, Harvard und Yale besuchen, anstatt ins alte Spanien oder nach Frankreich zu gehen, in dieser amerikanischen Kleidung zurückkehren und darauf bestehen, diese weiten amerikanischen Hosen zu tragen, um den Skandal zu verhindern der konservativen Mode. Bei den Damen hat der amerikanische Hut jedoch die *Mantille noch nicht erobert*, und dafür bin ich dankbar. Die anmutige *Mantilla* ist so attraktiv und sitzt so zierlich um die schwarz geflochtene Stirn der *Señora* und der *Señorita*, die an Ihnen vorbeigehen!

Es verstößt gegen die Gesetze Mexikos, dass religiöse Orden weiterhin innerhalb der Republik leben, aber in Morelia soll es mehrere dieser Orden im Geheimen geben. Eine Gruppe von Damen, die wir am Abfahrtsbahnhof trafen, alle schlicht in Schwarz gekleidet und mit schwarzen *Tapalos* – wie ein *Reboso*, *aber aus kostspieligerem Stoff – um den Kopf trugen, wurde mir als eine Subrosa-*Gruppe von Nonnen gezeigt .

Morelia ist Sitz eines Erzbischofs. Die Kathedrale ist ein wunderschönes Duplikat der Kathedrale von Valladolid im alten Spanien. Es ist in einwandfreiem Zustand. Im Inneren erstrahlt es in Gold und Silber sowie in farbenprächtigen Wänden und Dächern. Es besitzt viele wunderschöne Heiligenstatuen und eine der schönsten Orgeln der Welt. Der reiche Erzbischof soll mehr als sechs Millionen Dollar (mexikanisch) wert sein. Er soll Tausende fruchtbarer Hektar der besten Ländereien im Bundesstaat Michoacán besitzen. (All diesen weltlichen Reichtum besitzt der Erzbischof *subrosa* , entgegen dem Buchstaben des Gesetzes.)

In Morelia gibt es mehrere hundert Kirchen. Hier ist der römische Geistlichkeitsgeist groß und macht sich für die Menschen attraktiv. Wir nahmen an einer besonderen Abendfeier der Messe in einer schönen, großen Kirche teil, die *Nuestra Señora de Guadeloupe gewidmet war* . Die Kirche wurde innen und außen mit Tausenden von elektrischen Lichtern beleuchtet . Ein komplettes Orchester war im Einsatz, Violinen, Celli und Mandolinen, Flöten, Kornette, Hörner und Posaunen, eine schöne Orgel sowie ein

Klavier, während mehrere hundert Männer und Jungen in Soutanen in wunderbarer Harmonie mit der exquisiten Orchestermusik sangen und sangen . Viele der Stimmen offenbarten höchste Kultiviertheit, und einige der männlichen Sopranistinnen erklangen kräftig, süß und klar wie die Töne einer Nordica.

Als wir in der Nähe des Portals der Kirche standen, der Musik lauschten und die Menge der Gläubigen beobachteten, betrat ein Indianer, wild wie die Kordilleren von Guerrero, von wo er kam, schüchtern das Marmorportal und blieb wie gebannt stehen. Seine harten, rauen Füße trugen keine Sandalen. Sein rotes *Zerape* hing in Fetzen über seinen zerschlissenen, einst weißen Gewändern. Sein schwarzer Haarschopf hatte noch nie einen Kamm gekannt; und obwohl er schließlich seinen *Sombrero ablegte* , dauerte es einige Augenblicke, bis er ihn auszog. Er kam aus der äußeren Dunkelheit. Er stand im gleißenden Schein der tausend Lichter und vergaß, sich zu bekreuzigen, lauschte der mächtigen Melodie des großen Chors und der vielen Instrumente und starrte auf die strahlende Szene. Seine Augen wurden groß, sein Gesicht wurde steif, seine Brust hob sich. Er glaubte, ins Paradies entrückt zu sein! Mein protestantischer Missionarfreund beobachtete ihn ebenso wie ich, und als er sich dann zu mir umdrehte, bemerkte er: „Können Sie sich wundern, dass der protestantische Missionar nicht dabei ist, wenn er es unternimmt, mit der üppigen Pracht und organisierten Pracht der Rituale und Gebäude im Römischen Reich zu konkurrieren?" Kirche? Unsere einzige Chance besteht darin, Schulen für die Kinder zu eröffnen, sie jung aufzunehmen und sie früh zu unterrichten, und vielleicht haben einige von ihnen dann, wenn sie erwachsen sind, gelernt, sich an die einfache Lehre und die klare Praxis unserer protestantischen Lehre zu halten. "

Die Jesuiten unterhalten hier das schöne San-Nikolaus-College für Männer, wo einst Hidalgo lehrte und Morelos lernte und das 1540 gegründet wurde und sich damit rühmt, die älteste Bildungseinrichtung Amerikas zu sein. Die Jesuiten unterhalten auch eine große Schule für junge Frauen. Sie versuchen, der Flut des Fortschritts zu widerstehen, die das Land so schnell amerikanisiert. Aber auch hier unterstützen die heranwachsenden Generationen immer mehr die Politik der aufgeklärten und liberalen Männer, die jetzt die Geschicke der Republik bestimmen.

EIN WILDES OTOME IM FLUG VON MEINEM KODAK

XVI
Morelia und Toluca – Die Märkte – Die Colleges –
Die Schulen – Der antike und der moderne Geist

TOLUCA, BUNDESSTAAT MEXIKO, MEXIKO,

14. Dezember.

Gestern Nachmittag um vier Uhr verließ ich Morelia mit der National Railroad und kam um drei Uhr morgens hier an. Tio fuhr weiter nach Mexiko-Stadt, aber ich machte einen Zwischenstopp, um den Tag mit meinem Freund El Padre, dem Missionar, zu verbringen, der zu unserer Gruppe in der *Tierra Caliente* gehörte .

Von meinem Hotel Jardin in Morelia fuhr ich in einem uralten kleinen Wagen, der von einem einzigen Maultier gezogen wurde, zum Bahnhof hinunter; Die elektrische Straßenbahn ist in dieser Hauptstadt noch nicht angekommen.

Es war noch dunkel, als ich für Toluca geweckt wurde. Als ich den Zug verließ, war die Luft kalt und frostig. Die Stadt war still, aber gut beleuchtet und mit Strom versorgt, und am Bahnhof erwartete mich ein moderner elektrischer Straßenbahnwagen. So vermittelte mir Toluca zum Zeitpunkt meiner nächtlichen Ankunft den Eindruck, moderner zu sein als Morelia, und dieser Eindruck bestätigte sich bei späterer Bekanntschaft.

Toluca ist eine der wachstumsstärksten Städte der Republik. Es ist eine Gemeinde mit etwa 25.000 Einwohnern, die Hauptstadt des Bundesstaates Mexiko und liegt tausend Fuß höher in der Luft als Mexiko-Stadt. Es liegt nahe der Mitte eines fruchtbaren Tals, vierzig oder fünfzig Meilen lang und zehn bis zwanzig Meilen breit, während zehn Meilen südwestlich der schneebedeckte Vulkan de Toluca aufragt und seinen glänzenden Kegel fünfzehntausend Fuß in den Himmel erhebt Der schmelzende Schnee sorgt für eine reichliche Versorgung der Stadt mit reinem Wasser.

Der religiöse Unterschied zwischen Toluca und Morelia ist deutlich. Morelia ist eine der sechs Domstädte Mexikos und Sitz eines der sechs Erzbischöfe. Morelia ist auch das Zentrum der jesuitischen Tätigkeit in Mexiko. In Morelia legt der Spanisch-Mexikaner seinen *Sombrero* ab, als er an der Kathedrale vorbeikommt; der Inder kniet auf der Straße nieder und bekreuzigt sich. Die mehreren hundert Kirchen sind in ausgezeichnetem Zustand. Die Geistlichkeit dominiert, der Laie ist untergeordnet. In Toluca hingegen wird die Kirchenherrschaft beiseite geschoben; Zwar gibt es eine Reihe von Kirchen, diese sind jedoch alt und die meisten von ihnen baufällig. Die vor vielen Jahren gelegten Fundamente einer großen Kathedrale sind heute mit

Gras und Büschen bewachsen. Aus tolukanischen Quellen kam kein Geld für den Aufbau. Der Gouverneur von Toluca gehört zu den fortschrittlichsten und liberalsten Männern der Republik. Seine Regierung unterhält große Schulen und Akademien für die Ausbildung junger Männer und Frauen, in denen Naturwissenschaften gelehrt werden, in denen aufgeklärtes Denken herrscht und in denen der englischen Sprache und Literatur besondere Aufmerksamkeit geschenkt wird. Mehrere der Dozenten kommen aus Chicago.

A DILIGENCIA – TOLUCA

In Toluca gibt es viele schöne Residenzen mit hübschen Privatgrundstücken. Die öffentlichen Gebäude sind neu und imposant; Der Alameda-Park mit seinen Wäldern, Gärten und einer Vielzahl von Vögeln ist genauso schön wie Chapultepec.

Darüber hinaus gibt es in Toluca eine große Geschäftstätigkeit und eine Reihe erfolgreicher Hersteller.

Am Morgen meines Besuchs bemerkte ich eine ungewöhnliche Menschenmenge auf den Straßen. Es schoss auf mich zu. Es war respektvoll und ruhig. Die dunkelhäutige Gesellschaft drängte darauf, staunend auf zwei kleine schwedische Mädchen zu blicken, mit den blauesten Augen und den rosa Wangen und den Zöpfen aus den goldensten Haaren – perfekte Typen des skandinavischen Nordens. Sie waren die Kinder von aus Schweden importierten Arbeitern, die nun den Tolukanern die handwerkliche Herstellung von Eisen beibrachten.

Das reiche Tal mit seinem Klima des ewigen Frühlings ist die Heimat einer großen Azteken- und Otomy-Indianerbevölkerung. Sie leben in vielen Städten aus Stein und Lehm, in denen zwei- bis dreitausend Seelen leben, obwohl sie noch immer ihre alte aztekische Sprache sprechen und nur Spanisch genug beherrschen, um Handel zu treiben. Sie sind größtenteils Landwirte und bauen große Mengen Weizen und Mais an, die auf dem Rücken von Männern, Maultieren und *Eseln* auf den Markt gebracht werden . Wir trafen viele solcher Lasten tragenden Kavalkaden, die in die Stadt einmarschierten und im Allgemeinen von Indianern der wildesten Art gefahren wurden, die wir je gesehen hatten. Die robusten und robusten Männer gehören einer stärkeren Rasse an als die Bewohner der *Tierra Caliente* entlang des Balsas-Tals. Diese Indianer rennen, keiner von ihnen geht. Sie machen einen schnellen, kurzen Schritt, eine Art Trab, der sie täglich viele Kilometer vorwärts bringt.

Das Klima in Toluca ist kälter und trockener als in Mexiko-Stadt, da die Stadt viel höher über dem Meer liegt. Die Nachttemperaturen sollen das ganze Jahr über nahezu frostig sein und bis zu 39 Grad (Fahrenheit) sinken. Auf den Märkten habe ich heute Orangen, Limetten, Tamarinden, Äpfel, Guaven, Heidelbeeren, drei Bananensorten, Erdbeeren und mehrere andere Früchte gesehen, die ich nicht kannte, außerdem frische Erbsen, Bohnen, Salat, Rüben und Rüben , Kartoffeln, Süßkartoffeln, Yamswurzeln und mehrere andere essbare Knollen. Ich habe auch gerade einige der berühmten Toluca-Spitzen gekauft, die von den Indianern hergestellt wurden, und einige hübsche Kopftücher (*Tapalos*) aus einheimischer Herstellung. Sehenswert ist auch die hier hergestellte indische Töpferware – eine braun-gelbe Ware, die zu Krügen und Wasserkrügen verarbeitet wurde, von denen ich einige nach Kanawha schicke.

Was für ein Land wäre dieses Land mit gemäßigtem Hochland geworden, wenn nur unsere puritanischen und kavalierischen Vorfahren es entdeckt und erobert hätten! Aber die Nachkommen von Puritan und Cavalier haben endlich den Charme und den Reichtum dieses großen Landes entdeckt und beginnen nach und nach, in es einzudringen und mit seinen Menschen mitfühlend zusammenzuarbeiten. Mexiko wird noch zu einem der einflussreichsten Faktoren im Weltgeschehen werden. Fortschrittliche Mexikaner hoffen auf den Tag, an dem Mexiko noch enger mit der großen Republik des Nordens verbunden wird. Reaktionäre Mexikaner, die Konservativen der römischen Kirche, fürchten und verurteilen den bevorstehenden Wandel. El Mundo, die Chefzeitung der kirchlichen Partei, deklamiert ständig gegen das, was sie als „friedliche Eroberung" von *Los Americanos anprangert* .

In Toluca gab es keine große Feier des 12. Dezembers, dem „Krönungstag der Jungfrau von Guadalupe, der indischen Madonna", der für jeden Inder das größte Fest des Jahres darstellt. In Morelia hingegen wurde die Stadt ebenso wie in Pátzcuaro von einem Ende bis zum anderen mit Elektrizität, mit Gasdüsen, mit Laternen, mit einer Vielzahl von Kerzen, mit Fackeln erleuchtet. Die Kathedrale und die vielen Kirchen waren entlang jedes Gesimses, auf und ab jedes Glockenturms und Turms mit Feuerbändern geschmückt, und alle Hunderte von Glocken läuteten unharmonisch. Die Glocken der Kirchen Mexikos werden nicht geschwungen und geläutet, noch hängen ihnen irgendwelche Klöppel im Hals. Die Glocken sind an einer Stelle befestigt, werden mit einem schweren Hammer angeschlagen und lenken den Fremden durch ihre unaufhörliche Dissonanz ab.

Die Erleuchtung von Morelia soll aus der Kasse des Erzbischofs bezahlt werden, obwohl von jedem Laien erwartet wird, dass er seine eigenen Kerzen vor seiner Tür aufstellt. Vor der Kathedrale zündete eine Gruppe von Priestern ein aufwendiges Feuerwerk. Im Laufe des Tages kamen Hunderte von Indern in die Stadt, gerade als ich sah, wie sie Pátzcuaro betraten. Sie lagerten entlang der Straßen, kochten an kleinen Feuern am Straßenrand und schliefen, wo immer sie gerade waren. Diese Indianer waren hauptsächlich zu Fuß unterwegs, die Frauen trugen ihre Babys auf dem Rücken, sogar die alten Leute wurden manchmal auf den Schultern der jüngeren Männer getragen. Die überfüllte und aufgeregte Stadt war früh wach. Tatsächlich hat es nie geschlafen. Und da waren nicht nur Scharen von Indianern, sondern auch Gruppen schneidiger *Haciendados* in ihren hohen *Sombreros* , kurzen Samtjacken und enganliegenden, mit silbernen Schnürsenkeln und Knöpfen versehenen *Pantaloons* , die alle untereinander schlenderten und das *Fest* des Schutzpatrons Mexikos feierten.

EIN SCHNAPPSCHUSS DURCH EINE TÜR – TOLUCA

In Morelia hat es noch niemand gewagt, den protestantischen Missionaren auch nur einen Fuß Boden zu verkaufen. Dies würde den Ruin des Verkäufers bedeuten.

In Toluca hat die protestantische Kirche (die Baptisten) Gebäude gekauft und eine schöne Schule für Jungen und Mädchen eröffnet, die zum Stolz und Lebenswerk von El Padre geworden ist.

So viele raffinierte und listige Schurken sind nach Mexiko geflohen, um sich dort vor der amerikanischen Justiz zu verstecken, dass der Mexikaner begonnen hat, an uns allen zu zweifeln. Daher ist es doppelt erfreulich, wenn man hier den besseren Typus unserer aufgeklärten Bürgerschaft wie El Padre und einige andere, die ich getroffen habe, geehrt und geschätzt findet.

XVII
Cuernavaca – die Kreisstadt von Montezuma, von Cortez und den spanischen Vizekönigen, von Maximilian – ein angenehmer Badeort des modernen Mexiko

HOTEL ITURBIDE, MEXIKO-STADT,

17. Dezember.

Dies ist meine letzte Nacht in Mexiko-Stadt. Ich werde morgen, Mittwoch, um 21.30 Uhr mit der mexikanischen Eisenbahn nach Vera Cruz abreisen. Ich werde dort rechtzeitig zum Frühstück ankommen, an Bord des Dampfers der Ward Line, *Monterey* , gehen und gegen Mittag über Progresso, Yucatan, nach Havanna segeln.

Ich verschob meine Abreise bis zum Abend, um Cuernavaca zu besuchen und einen Blick auf diesen berühmten Wasserort und das reiche Tal zu werfen, in dem er liegt – wo Montezuma und seine Adligen luxuriösen Hof hielten, wo Cortez und Maximilian seine Winterresidenz hatten errichtete eine schöne Villa für seine Kaiserin Carlotta; und das heute der beliebteste Ferienort im modischen Mexiko ist. Meine Pässe hätten mich hundertfünfzig Meilen weiter entlang des Flusses Balsas geführt – zweihundert Meilen oberhalb der Stelle, wo ich ihn bei Churumuco gesehen habe –, aber die begrenzte Zeit verhinderte, dass ich so weit kam, und ich begnügte mich mit der kürzeren Reise.

MEINER KAMERA GEGENÜBER VERDÄCHTIG

Ich bin heute Morgen mit dem Zug nach Cuernavaca gefahren, am großen Bahnhof der mexikanischen Zentralbahn. Ich saß in einem Salonwagen, so neu und bequem, als würde ich gerade Chicago oder New York verlassen. Eine ganze Schar der Damen der amerikanischen Kolonie ging mit mir unter; neben ihnen waren mehrere Herren, die dem diplomatischen Korps anzugehören schienen, darunter auch der schwedische Konsul, mit dem ich mich auf Deutsch und Französisch unterhielt.

Die Eisenbahn verlässt die Stadt auf der Ostseite, biegt nach Norden ab und umrundet die nördlichen Vororte, bis sie in Richtung Südwesten anzusteigen beginnt.

Während wir steigen – vier Prozent. Grad – das fruchtbare und wunderschöne Tal von Anahuac, in dem Mexiko-Stadt liegt, breitet sich vor mir aus. Die große weiße Stadt, ihre roten und schwarzen Ziegeldächer, ihre vielen Kuppel- und Turmkirchen; die zahlreichen kleineren Städte und Dörfer, die sich in das schüsselartige Tal verstreuen; die schimmernden Oberflächen der Seen Tezcoco, Xochimilco und Chalco sowie der angrenzenden Teiche; die Plantagen von Dark Maguey; die Obstgärten mit

Zitrusfrüchten; die unzähligen Gärten, einige davon schwimmende Gärten, aus denen das frische Gemüse geerntet wird, das täglich auf den verschiedenen Märkten der Stadt ausgestellt wird; die dunkelgrünen Wälder der prächtigen Zypressen von Alameda und Chapultepec sowie der Palast selbst, der hoch auf seinem felsigen Sockel thront; die umlaufenden Gebirgsketten hoher Berge und ganz im Süden die mächtigen Vulkane Popocatepetl und Iztaccihuatl, schneebedeckt und im Licht der Morgensonne in blendendem Glanz glitzernd – all dies ergab ein ebenso großartiges und imposantes Bild wie Jede Landschaft, die ich gesehen habe oder jemals sehen werde, ist ebenso erstaunlich in ihren Kontrasten aus Licht und Schatten, aus grünen halbtropischen Tälern und eisbedeckten Höhen.

Mehrere Stunden lang schlichen wir langsam nach oben, wobei sich die Aussichten und Ausblicke ständig veränderten. Überall gab es Maguey-Plantagen, und überall an den Bahnhöfen verkauften indische Frauen frischen *Pulque* an die durstigen Reisenden im Zug. Dann, nach und nach, als wir über die wärmere Luft gehoben wurden, gelangten wir in die Höhe der Eichen, ausgedehnte Wälder aus gut gewachsenen Eichen, und dann, noch höher, gelangten wir in herrliche Kiefernwälder. Die Berge verloren nun die Glätte der Oberfläche, die die unteren Hänge kennzeichnete. Wir kamen in weite Bereiche vulkanischer Asche, Tuffstein und Lavabetten, alle rau und scharfkantig, mit tiefen höhlenartigen Spalten dazwischen, die offenbar genau so lagen, wie sie vor unzähligen Jahrhunderten fielen, flossen und erstarrten.

Als wir den Gipfel erreichten und eine Höhe von über zehntausend Fuß über dem Meeresspiegel erreichten, durchquerten wir viele Meilen lang eine grasbewachsene Hochebene, wo sich Herden von Langhornrindern und Herden von dünnwolligen Schafen mit ihren Hütern befanden . Parallel zu unserem Weg verlief die alte Royal Turnpike, die vor langer Zeit von Montezuma gebaut und von Cortez mit der Arbeit seiner eroberten aztekischen Sklaven unterhalten wurde und immer noch „El Camino Real del Rey" genannt wird. Ganz oben auf der Anhöhe standen die Ruinen einer alten Raststätte und einer hoch aufragenden Festung. Hier stationierte Cortez seine Soldaten, und seitdem sind hier Truppengarnisonen geblieben, um die Öffentlichkeit zu bewachen, die königlichen Postposten zu schützen, die Würde der Republik zu wahren und auch heute noch die Eisenbahnzüge vor der Überlastung durch die Moderne zu bewahren Banditen, so mutig und gnadenlos wie ihre Vorgänger vergangener Jahrhunderte. Der Überlieferung nach waren diese Höhen schon immer der Treffpunkt von Stämmen und Banden, deren uraltes Privileg und Beschäftigung darin bestand, zu töten und zu rauben. Grausam sind die Geschichten, die heute über die Morde und Plünderungen erzählt werden, die einst fast an der Tagesordnung waren und manchmal noch immer entlang dieser berühmten Straße geschehen. Selbst jetzt bemerke ich das Lager der Soldaten in festen Quartieren im Schatten des einstürzenden Turms. Diaz mit der eisernen Hand geht gegenüber den turbulenten Bewohnern dieser Bergeinsamkeit kein Risiko ein! Die ganze Zeit über befinden wir uns inmitten uralter Lavabetten, während sich weit links immer wieder der tiefblaue Himmel erhebt und die schneebedeckten Gipfel von Iztaccihuatl (*Ista-se-wahtl*) und Popocatepetl glitzern. Sie schienen in unserer Nähe zu sein, und doch kamen wir ihnen nie näher – obwohl wir fast einen halben Tag auf sie zudampften.

Der Abstieg war schnell – wir kamen in anderthalb Stunden fast fünftausend Fuß hinunter – in ein wunderschönes grünes Tal, zweitausend Fuß tiefer als der Tezcoco-See. Hier wuchsen große Mengen Zuckerrohr, Bananen, Kaffee sowie Orangen, Limetten und Granatäpfel – ein üppiges Grün. Das Tal, zehn bis zwanzig Meilen breit, erstreckte sich in weiten, geschwungenen Kurven nach Osten und Westen, während durch es das Oberwasser des Flusses Balsas floss. Hier entspringt der Fluss aus den Fontänen der schmelzenden Schneefelder an den fernen Flanken des Vulkans. Das Tal ist eines der fruchtbarsten und heilsamsten in ganz Mexiko. Cortez ergriff es fast, sobald er *Tenochtitlan* Montezumas Griff entrissen hatte. Was er nicht für sich selbst nahm, verteilte er in großzügigen Geschenken unter den großen Kapitänen in seinem Gefolge und gewährte ihnen riesige *Haciendas* , Bauernhöfe mit einem Durchmesser von fünfzig Meilen, die Ländereien von grenzenloser Fruchtbarkeit umfassten, und selbst dann lächelte er unter der Obhut geschickter Ackerbauern Boden. Die besten dieser riesigen Anwesen sind immer noch im Besitz von Familien, die von den *Conquestadores abstammen* . Die Ländereien unterlagen ursprünglich alle dem Fideikommiß, und die Gesetze sind noch immer in den Gesetzbüchern verankert. Hier befinden sich berühmte prähistorische Ruinen, darunter die der antiken Pyramide und des Tempels von Xochicalco sowie viele Hieroglyphen aus einer Antike, die weiter zurückreicht als die Erinnerung selbst des Aztekenvolkes. Hier befinden sich auch die ebenso berühmten Höhlen von Cacahuamilpa. Die großen Ruinen, die eine Tagesreise von der Stadt entfernt lagen, hatte ich nicht zu sehen.

MEIN COCHA – CUERNAVACA

Meine flüchtigen Blicke auf die Stadt Cuernavaca waren nur Blitzlichtblicke. Der Bahnhof, an dem wir nach einer langen Reihe von Zick-Zack-Kurven und geschwungenen Kurven schließlich ankamen, liegt eine gute Meile außerhalb der Stadt. Hier versammelte sich eine bunt zusammengewürfelte Menschenmenge, um unsere Ankunft zu begrüßen: eine Reihe von *Cochas* , *Voitures* und *Cabriolets* , gezogen von staubigen, ungestümen Maultieren und Pferden. Als ich mich an mein Erlebnis erinnerte, eilte ich bei meiner letzten Ankunft in Mexiko-Stadt zu einem antiken Fahrzeug, das von zwei Maultieren gezogen wurde, und verhandelte mit dem jungen Cochero, dass er mich durch die Stadt Cuernavaca und dort *herumfahren* und zum Bahnhof zurückbringen sollte . Nach einigem Feilschen stimmte er zu, alles für einen *Peso* (mexikanischen Silberdollar) zu tun. Ich stieg in die staubige Equipage. Der *Cochero beschimpfte seine Maultiere in klangvollem Spanisch, knallte mit der Peitsche mit den langen Peitschen und ließ sie* inmitten einer Wolke weißen Staubs den breiten *Camino* hinunterrennen . So betraten wir die Stadt und gingen durch schmale und breite Straßen, bis wir den größten Teil der Stadt durchquert, umrundet und durchquert hatten. Er hörte nie auf zu fluchen, er ließ ständig seine Peitsche knallen, und die Maultiere ließen während der glücklichen Stunde, die er in meinen Diensten verbrachte, in ihrem wilden Galopp nie nach. In diesen spanischen Städten gibt es keine Bürgersteige. Männer und Frauen rannten davon, als wir kamen, Kinder flohen in offene Türen und Hunde, Hühner und dürre Schweine streuten wie Spreu vor dem

Wind vor uns her. Wir ratterten am ehemaligen Palast von Cortez vorbei, dem späteren Palast von Carlotta, Maximilians unglückseliger Gefährtin, und der heute als Staatskapitol dient. Wir umrundeten den hübschen *Platz* mit seinen Blumen und Palmen, tropischen Gärten und plätschernden Springbrunnen. Wir besichtigten die monströse Kathedrale, die völlig heruntergekommen war. Einen Moment vor dem Heiligtum der Jungfrau von Guadeloupe zogen wir die Zügel an, kodakierten es und schwenkten vor der alten Franziskanerkirche weiter.

Mein *Cochero* schien mit jedem Hüpfen des *Cochas an Begeisterung zu gewinnen* . Er murmelte ununterbrochen in geschwätzigem und ziemlich unverständlichem Indisch-Spanisch. Je schmaler und schlechter gepflastert die Straße, desto heftiger schlug er wie ein Besessener auf die Maultiere ein. Ein Paar hübscher *Señoritas* auf ihrem Balkon lächelte mich an, als wir vorbeikamen, und ich gab ihnen als höfliche Anerkennung ihres guten Willens einen Kodak; Wir sahen, wo sich seit Jahrhunderten die berühmten Bäder von Cuernavaca befanden, und ich hatte mir die prächtigen und weitläufigen Borda-Gärten gezeigt, in denen Blumen und Früchte, Brunnen und Kaskaden, Marmorbecken und Miniaturseen das Verschwenderische und Überschwängliche in völliger Pracht zum Ausdruck bringen Fantasien eines alten, halb verrückten Millionärs; Und wir fuhren immer weiter, ohne anzuhalten, und wirbelten schließlich inmitten noch größerer Staubwolken zurück zum Bahnhof, gerade rechtzeitig, um den Zug zu erreichen. Dort versammelte sich eine weitere bunte Menschenmenge. Die Hälfte der Stadt schien gekommen zu sein, um die andere Hälfte abziehen zu sehen. Auf dem Bahnsteig standen viele Inder, die Obst verkauften und diese seltsamen Pfeffersandwiches zubereiteten, die den erfahrenen Gaumen der Mexikaner so erfreuen. Da sich meine Mundschleimhaut mittlerweile schon etwas an diese scharfen Speisen gewöhnt hatte, ließ ich mir von einer alten indischen Frau eine besondere Kombination aus Brot, Öl, Pfeffer, Gurken und stark gewürztem und gehacktem Fleisch zubereiten, die ich nur zu essen wagte Als ich jedoch wieder in mein Auto gestiegen war, hatte ich es wieder geschafft, damit ich in unmittelbarer Nähe zu reichlichen Wasservorräten sein konnte. Der Mexikaner erfreut sich an dieser Art von brennender Nahrung, und für ihn kann sie nie zu scharf und zu scharf zubereitet werden. Auf dem Bahnsteig des Bahnhofs befanden sich auch viele angesehene mexikanische Damen, die gekommen waren, um sich von ihren Ehemännern und Brüdern zu verabschieden, die in die Hauptstadt zurückkehrten. Keiner von ihnen trug Hüte, aber die anmutigen *Mantillas* waren überall in Gebrauch, und im Allgemeinen waren die Gewänder schwarz.

SCHREIN DER JUNGFRAU VON GUADELOUPE – CUERNAVACA

Cuernavaca mit seinen Bädern und Mineralwässern ist der beliebteste Ferienort und für den eleganten Mexikaner leicht zugänglich. Hier lebt auch fast ständig eine große Kolonie europäischer Damen, deren Ehemänner in Mexiko-Stadt Geschäfte machen, deren Höhenlage, dünne Luft und kühle Temperaturen selten mit der Gesundheit der Frauen vereinbar sind, die vom niedrigeren Meeresspiegel dorthin kommen. Die Männer halten es von Anfang an aus, wenn ihr Herz und ihre Lunge gesund sind, aber die Frauen werden oft nach Cuernavaca geschickt, um dort zu bleiben, bis sie sich an die Bedingungen dieser Hochlandplateaus gewöhnt haben. Das raue Klima von Mexiko-Stadt ist für alle Rekonvaleszenten besonders grausam. Daher kommen auch Kranke hierher, um wieder zu Kräften zu kommen. Daher gibt es viel Verkehr mit der Eisenbahn zwischen der Hauptstadt der Republik und ihrem heilsamsten, nahegelegenen Ferienort.

Es war Nachmittag, als wir Cuernavaca verließen, um den langen Aufstieg auf die Landhöhe anzutreten. Als wir aufstiegen, wurden die Abendschatten länger und krochen aus allen Spalten und Mulden entlang der Berghänge hervor; und im Osten ragte Popocatepetl empor, das den blauen Himmel teilte. Der tiefste Eindruck meines Aufenthalts in Mexiko, eine Erinnerung, die mich mein Leben lang begleiten wird, ist der mächtige, glitzernde, ferne und doch allgegenwärtige, schneebedeckte Kegel von Popocatepetl.

DIE BORDA-GÄRTEN – CUERNAVACA

Als wir die Landhöhe überquerten und unseren Abstieg begannen, erfüllten
die langen Abendschatten das große Tal von Anahuac, während aus jedem
Tal und jeder Mulde kleine wolkenartige Nebelbüschel aufstiegen, bis sich
schließlich mit seltsamer und unheimlicher Wirkung die Dämpfe sammelten
Die gesamte Weite des darunter liegenden Tals verbarg sich vor meiner Sicht
und ließ den Eindruck entstehen, als würden wir in die unergründlichen
Tiefen eines weißen Meeres eintauchen. Das Land, die Seen, die Städte, die
Dörfer und die Stadt waren unter den undurchdringlichen, flauschigen
Wolkenschwaden verborgen.

Es war dunkel, als wir die Stadt betraten. Ich habe eine *Cocha genommen* und
bin wieder hier in meinem mit Steinwänden versehenen Zimmer des Hotels.
Ich betrat die Stadt von Norden her, jetzt verlasse ich sie im Osten, entlang
der Route, die die einfallenden Eroberer aus dem alten Spanien zurücklegten,
als sie vor vierhundert Jahren aus den ruhigen Wassern des Meeres
auftauchten, eine schreckliche Erscheinung, Sie brachten mit ihren
gepanzerten Fäusten den Tod und einer stolzen und herrschenden Rasse Pest
und grausame Versklavung.

XVIII
Die nächtliche Reise von Mexiko-Stadt – über die Berge zur Meeresküste – Die antike Stadt Vera Cruz

Vera Cruz, Mexiko,

19. Dezember.

Der letzte Abend sollte mein letzter in Mexiko sein, und da eine Truppe spanischer Schauspieler in einem der größeren Theater erwartet wurde, ging ich mir das Stück ansehen. Es gibt eine Reihe von Schauspielhäusern in der Stadt, und die väterliche Regierung legt den Grundstein für ein Opernhaus, das, wie angekündigt, eines der „magnifico "der Welt sein wird. Das Theater, das wir besuchten, war eines der größten, und die Schauspieler, Spanier aus Barcelona, füllten ein Engagement für eine Saison aus. Die erste Neuheit beim Kartenkauf waren die separaten Gutscheine, die für jeden Auftritt ausgegeben werden. Sie kaufen für den einen oder anderen Akt, ganz wie Sie möchten. Die Mexikaner bleiben selten im Spiel, sondern verweilen noch ein oder zwei Akte und ziehen dann ab. An den Seiten befinden sich Reihen von Logen, in denen sich viele Männer und Damen in Abendkleidung befanden, die Schönheiten und Beaux der Stadt. Wir saßen unter den Sitzen auf dem Boden, von denen die meisten Männer waren. Der erste auffällige Unterschied zwischen dem Publikum hier und dem zu Hause besteht darin, dass jeder seinen Hut trägt, außer wenn er eine Loge besetzt. Wir denken, dass es schon schlimm genug ist, wenn eine Frau ihren Hut oder ihre Haube behält, aber stellen Sie sich vor, wie es ist, wenn Sie mit einer Vielzahl von *Sombreros* mit hoher Spitze und breiter Krempe der aufdringlichsten Art konfrontiert werden . Der Grund für das Tragen dieser großen Hüte bei allen Gelegenheiten ist, dass sie in der kühlen Luft dieser Höhenlagen zu einem notwendigen Schutz werden.

Aztekische Indianer – Mexiko-Stadt

Die Gesichter um mich herum waren dunkel; Sogar die Männer in den Logen hatten eine dunklere Farbe als diejenigen rein spanischen Blutes. Auch die Frauen sind dunkel, ihre Farbe ist viel dunkler als die der üblichen Mulatten in den Staaten. Dies ist auf die große Infusion von indianischem Blut unter dem mexikanischen Volk, selbst in den Freizeitklassen, zurückzuführen.

Die Schauspieler waren vom dunkelhäutigen spanischen Typ, aber unter den Schauspielerinnen gab es wie immer zwei oder drei mit auffällig roten Köpfen, dem venezianischen Rot, das bei den Londoner Ladenmädchen so ausgeprägt und beliebt war. Diese rothaarigen Schönheiten erhielten die volle Aufmerksamkeit und den Applaus des männlichen Teils des Publikums. Auch das Publikum rauchte ununterbrochen, die Herren große mexikanische Zigarren, die Damen ihre Zigaretten. Das Recht auf Rauchen ist in Mexiko ein unveräußerliches Privileg beider Geschlechter, wobei die Frauen den Tabak fast ebenso freizügig und regelmäßig konsumieren wie die Männer. Die Schauspielerei war gut und einige der Fandango-Tänze sorgten für donnernde *Bravo- Rufe*. Die Pausen zwischen den Akten waren lang. In einer der Pausen schlenderten wir auf die Straße, wo uns eine Meute von

Ticketverkäufern dermaßen überfiel und so erfolgreich um unsere restlichen Coupons feilschte, dass wir sie mit einem Vorschuss über den Betrag verkauften, den wir bezahlt hatten . Die Stücke beginnen früh, etwa um sieben Uhr, und die Türen bleiben bis Mitternacht geöffnet, wobei das ständig wechselnde Publikum den Schauspielern neue Unterstützung gibt.

An einem Abend zuvor besuchten wir ein anderes Theater, wo sich eine elegantere Gesellschaft versammelte, um den bekannten Franzosen Frijoli in seinen geschickten Nachahmungen von Charakteren zu sehen. Hier versammelte sich die modischste Gruppe Mexikos, darunter eine Gruppe angesehener Südamerikanerinnen, die am Panamerikanischen Kongress teilnahmen; die Damen aus Brasilien, Argentinien und Chile trugen kostbare Diamanten und trugen volle Dekolleté-Kleidung.

Auch hier dominierte der *Sombrero* im Kleiderkreis und auf dem Parkettboden, und überall wurde geraucht.

Gestern sollte mein letzter Tag in Mexiko sein. Ich machte mich morgens auf den Weg, um einen guten Opal zu ergattern und mein Glück beim Kauf von *Mantillas zu versuchen* . Von der jungen Frau in dem Laden, in dem ich meine Kodak-Filme vorbereiten ließ, erfuhr ich, wo sich ein Geschäft befand, in dem *Mantillas* verkauft wurden. Sie konnte nicht in meiner eigenen Sprache mit mir sprechen. Ich war ratlos, was ich tun sollte, dann kam mir eine Idee. Ich holte einen Bleistift und Papier hervor. Ich reichte sie ihr. Ich deutete durch Schilder an, dass ich sie ein Foto machen lassen würde. Blitzschnell interpretierte sie meinen Gedanken. Sie lachte und zeichnete für mich eine perfekte kleine Karte, die den Laden zeigte, in dem ich stand, die Straße, zu der er führte, die Straßen und Häuserblöcke, denen ich folgen sollte, bis ich an die Stelle kam, an der die Mantillas waren, und sie markierte meine *letzte* Ecke mit einem „X". Ich verneigte mich tief vor ihr, sagte viele Male: „ *Muchas gracias, mil gracias, señorita* " und machte mich mit dem Papier in der Hand auf die Suche. Ich hatte keine Probleme, mich zurechtzufinden. Schließlich blieb ich vor einem großen französischen Einzelhandelsgeschäft für Trockenwaren stehen. Alle Trockenwarengeschäfte hier sind entweder französisch oder spanisch, ebenso wie die Baumärkte und Drogerien alle deutsch sind; Der gebürtige Mexikaner interessiert sich nicht für den Handel, und nur wenige Geschäftshäuser gehören ihm.

Es war ein großes Problem, und viele Kunden gingen ein und aus. Eine Reihe von Angestellten, allesamt Männer – ich habe nirgendwo eine Frau gesehen – standen hinter langen Tischen, während das Publikum zwischen ihnen auf und ab ging. Ich wiederholte das Wort *Mantilla* und mir wurde gezeigt, wo sich viele Regale befanden, die mit flachen Kartons gefüllt waren. Einige davon wurden abgenommen und mir die wunderschönen Spitzenstücke gezeigt. Als ich dort stand und nicht wusste, was ich auswählen sollte, kam ein kleiner, kräftiger Mann mit freundlichem Gesicht und einer dunkelhaarigen Frau auf mich zu. Als sie sich dem Tisch näherten, drehte sie sich zu ihm um und sagte in gutem Vereinigten Staaten: „Oh, hier sind die *Mantillas,* nach denen wir suchen." Ihr Aussehen zog mich an, und so drehte ich mich zu ihr um, hob meinen Hut, verneigte mich und flehte sie um Hilfe an. Er und ich tauschten dann Karten aus. Er war Dr. Wir waren sofort Freunde. Er sammelte Informationen für die Smithsonian Institution. Die Dame war seine Frau. Sie half mir bei der Auswahl zweier wunderschöner *Mantillas* aus schwarzer Seide. Später begleiteten sie mich auf meiner Suche nach Opalen und halfen mir bei der Auswahl mehrerer feiner Steine. Anschließend zeigten sie mir in ihrem Hotel, dem Jardin, ihre Fotosammlung und viele der Erinnerungsstücke und Kuriositäten, die sie sammelten. Am Nachmittag aßen wir gemeinsam in meinem kreolischen Restaurant. Schließlich trennten wir uns mit gegenseitigem Bedauern.

Der Zug, der mich aus der Stadt brachte, verließ gegen neun Uhr nachmittags den Bahnhof der mexikanischen Eisenbahn („The Queen's Own"). Es handelt sich um eine Normalspurbahn. Im Pullman hatte ich eine bequeme untere Koje. Das Auto war überfüllt. Mehrere junge Offiziere in ihren schicksten Uniformen sagten *Adios* zu einer Reihe schwarzäugiger *Señoritas* und ihren Müttern. Die jungen Männer wickelten sich beim Abschied breite Schals um den Mund und verdeckten ihr Gesicht fast bis zu den Augen, eine übliche Praxis gegen Lungenentzündung. Die Nachtluft war kalt. Ich trug meinen Mantel und zitterte, als ich auf der hinteren Plattform des Wagens stand und kilometerweit die schwindenden Lichter der Stadt beobachtete. Wir durchquerten das Tal in Richtung Osten und begannen dann, die unteren Hänge der Bergkette zu erklimmen, die wir überqueren müssen, bevor wir schließlich nach Vera Cruz hinabsteigen sollten.

VULKAN DE ORIZABA

Als ich morgens aufwachte, waren wir noch drei Stunden vom Golf entfernt. Wir hatten die Berge in der Nacht überquert; wir waren dreitausend Fuß hoch und elftausend Fuß tief heruntergekommen, durch eine wilde und wunderschöne Landschaft; Eine Reise, die niemals bei Nacht unternommen werden sollte, es sei denn, die Notwendigkeit erfordert es. Wir kamen mehr als zwei Stunden zu spät, da wir in Orizaba festgehalten wurden, während wir schliefen. Das war ein Glück für mich, denn es gab mir die Tageslichtstunden, um die Tiefebene zu sehen, durch die die Straße von den Bergen zum Meer führt.

Hinter uns, hoch, hoch in den wolkenlosen blauen Himmel, glitzerte der schneebedeckte Gipfel von Mexikos größtem Vulkan, dem hohen, mächtigen Orizaba, von dem man heute weiß, dass er höher als Popocatepetl ist und ihm in der Kontur seines Kegels sehr ähnlich ist; ein überaus imposanter Anblick, wie es im Licht der aufgehenden Sonne glänzte. Wo auch immer wir uns umdrehten, wohin wir auch gingen, der mächtige Orizaba folgte uns. Wir haben es nie aus den Augen verloren, wir konnten seiner gewaltigen Größe nicht entkommen. Ich habe das Glück, vier der wichtigsten schneebedeckten Vulkane Mexikos gesehen zu haben und schöne Fotos von ihnen allen zu haben: Popocatepetl, Ixtaccihautl, Nevada de Toluca und Orizaba.

Das Tiefland, das wir durchquerten, ist vollständig tropisch; Wir befanden uns zwischen ausgedehnten Bananenplantagen, Palmen aller Art, Kaffeeplantagen und undurchdringlichen Dschungeln. Die Sonne war so heiß wie auf den *Llanos* entlang des Flusses Balsas in Michoacan.

Es war halb neun, als der Zug in den Bahnhof von Vera Cruz einfuhr. Ein großer Neger, schwarz wie die Nacht, gekleidet in makellose weiße Ente, packte mich in dem Moment, als meine Füße den Boden berührten. Er sprach in sanftem, fließendem Englisch mit ausgeprägtem britischen Akzent. Er stellte sich als „Mr. Sam." „Ich bin ein britischer Staatsbürger aus Jamaika", sagte er, „und Vertreter des Hotel Metropolitán." Er bot mir an, mich zu dieser Einrichtung zu führen. Er versicherte mir, es sei „das beste Lokal an der Küste". Da dies mein vorher festgelegtes Ziel war, erlaubte ich ihm, mit meinen Taschen vor mir herzugehen. Die Sonne war grell, die Atmosphäre trüb und schwer. Wir gingen durch schmutzige Straßen, Straßen, die in den vier Jahrhunderten des Lebens von Vera Cruz noch nie gereinigt worden waren. Die schlecht gepflasterten und stinkenden Dachrinnen waren mit Schleim gefüllt. Die Straßen waren mit niedrigen Stuckhäusern gesäumt. Wir betraten einen schlecht gepflegten Platz, auf dem dürre Bananen und Kokospalmen wuchsen, ein niedriges Regierungsgebäude mit einem anmutigen Turm an der Ostseite. Hier kamen wir zum Hotel, einem alten zweistöckigen Steingebäude mit einer Loggia über dem Bürgersteig und einem Vorhang, der zwischen den Säulen und der Straße hing, um die heiße Sonne von dem darunter verlaufenden Fußweg fernzuhalten. "Herr. „Sam" erklärte mir, was ich tun sollte. Zuerst muss ich ihm zum amerikanischen Arzt folgen und in Anwesenheit des amerikanischen Konsuls ein Gesundheitszeugnis besorgen. Dann brachte er mich zum „Fumigation Office" der mexikanischen Regierung, um mein Gepäck untersuchen und als frei von Gelbfieber und ansteckenden Krankheiten bescheinigen zu lassen. Dann würde er mich zum Büro der Ward Line Steamship Company bringen, um mein Ticket, das ich am Tag zuvor im Büro der Firma in Mexiko-Stadt gekauft hatte, prüfen und beglaubigen zu lassen, und dann würde er dafür sorgen, dass „The Express Company." „gegen eine hohe Gebühr sollte mein Gepäck vom Bahnhof der Eisenbahn zum Dampfer *Monterey befördern*, der draußen im offenen Golf vor Anker lag, obwohl am Tag zuvor alles von Mexiko-Stadt nach Havanna aufgegeben worden war. Später ruderte er mich selbst zum Schiff und brachte mich in meine Kabine, frei von weiterer Belästigung durch Bürokratie. "Herr. „Sam" erwies sich als wahr, entlockte mir jedoch auf dem Weg diverse *Centavos*. Er hatte zu keinem Zeitpunkt die Absicht, dass ich fliehe. Dennoch befreite ich mich für eine kurze Stunde von seiner Aufsicht und schlenderte allein durch die antike Stadt. Es ist eine Stadt voller Dreck, Gestank und Elend – nur die Heimat der fortwährenden Ausbreitung der Pest. Es ist kein Wunder, dass die Gelbfieberplage seit Jahrhunderten unbarmherzig in ihrer Mitte lauert. Aber die mexikanische Regierung, angeregt durch das Beispiel der wissenschaftlichen Sauberkeit Kubas, baut nun ein modernes Abwassersystem, hat englische Ingenieure mit dem Bau umfangreicher Hafenanlagen beauftragt und verwandelt Vera Cruz in eine saubere und moderne Stadt. Es besteht also Hoffnung sowohl für die Gesundheit als auch für den Handel von Vera Cruz.

DER STÄDTISCHE PALAST – VERA CRUZ

Ich besuchte den berühmten Kokosnusspalmenhain im Alameda-Park, setzte mich auf eine der Steinbänke und beobachtete die Schwärme zahmer Geier, die es in Vera Cruz in Hülle und Fülle gibt und die regelmäßigen Aasfresser der Stadt sind. Sie sind durch die Stadtverordnung geschützt und laufen wie Hühnerschwärme umher. Sie weichen dem Passanten kaum aus. In Vera Cruz gibt es nicht viel Interessantes, obwohl es in der Stadt mehrere alte Kirchen, spanische Türme und eine mittelalterliche Festung gibt, die in der frühen Zeit der Eroberung erbaut wurde.

DIE ZAHMEN GEIER VON VERA CRUZ

Nach dem Mittagessen im Hotel, wo mir leider zu viel berechnet wurde, sagte „Mr. Sam" ruderte mich eine Viertelmeile zum Dampfschiff *Monterey* . Mein Gepäck wurde von der „Expressgesellschaft" in einem Leichter zusammen mit dem der anderen Mitreisenden meines Zuges herausgebracht, und obwohl wir Durchgangspassagiere von Mexiko-Stadt nach Kuba und New York waren, wurden für diesen notwendigen Service zusätzliche Gebühren erhoben , eine offensichtliche Erpressung.

Ich hatte mein Schiff gegen halb vier Uhr nachmittags erreicht; wir sollten um vier Uhr losfahren; Wir segelten erst lange nach der vereinbarten Stunde ab, so langsam ist der „Leichter"-Prozess der Ladungsübernahme. Die größten Schiffe können an den neuen Piers liegen, aber entweder um Hafengebühren zu sparen oder, wie sie behaupten, „um die Möglichkeit von Gelbfieber zu vermeiden", ankern diese Boote weit draußen im Hafen und zwingen alle Passagiere und Fracht zum Transport an Bord.

Zu unserer bunten Ladung gehörten Schafe und Rinder für Havanna; eine Menagerie, Löwen, Tiger, Affen und ein Elefant, der sorgfältig hochgezogen wurde und in einer speziell konstruierten Kiste im vorderen Laderaum stand, unruhig und in großer Angst seinen Körper hin und her wiegend; und auch viele und unterschiedliche Kisten und Ballen mit Waren.

Wir befördern eine große Gruppe von Kabinenpassagieren nach Progresso, dem Haupthafen von Merida in Yucatan. Unter ihnen ist mir eine Gruppe Herren aufgefallen, die im Zug offenbar sehr unter der Kälte zu leiden schienen. Ich habe erfahren , dass es sich um reiche Pflanzer aus Merida handelt. Einer ist Senator im mexikanischen Nationalkongress. Er ist ein großer, untersetzter Mann mit hohen Wangenknochen, blauen Augen und hellbraunem Haar, ein weißer Mann, stark verbrannt und gebräunt von der tropischen Sonne. Ich dachte, er könnte möglicherweise ein Deutscher oder Skandinavier sein. Stellen Sie sich mein Erstaunen vor, als mir mitgeteilt wird, dass er ein reinrassiger „Yucataka-Indianer" ist! Er gehört zu diesem seltsamen Stamm blauäugiger, hellhaariger Menschen, die die Spanier nie besiegt haben und die die mexikanische Regierung noch nie unterwerfen konnte und die sie in den letzten Jahren nur durch Diaz' subtile Diplomatie für sich gewinnen konnten. Woher dieser Stamm kam, ist eines der ungelösten Rätsel der Geschichte. Möglicherweise waren einige Wikinger, die weit aus ihren nördlichen Gewässern getrieben waren, die Vorfahren dieser blauäugigen, unbesiegbaren Rasse.

Wir lichten den Anker. Das Propellerblatt beginnt sich zu drehen. Auf unserer Backbordseite erheben sich die weißen Mauern von San Juan de Ulloa, der berühmten Festung und heutigen Staatsgefängnis Mexikos – einer Insel für sich –, in deren Zellen und Kerkern das Gelbfieber die inhaftierten Unglücklichen, die dorthin zum Sterben geschickt werden, ständig forttreibt.

Eine edle Palme

An Steuerbord liegt die mexikanische Marine vor Anker — ein kleiner Schlepper. Unsere Reise nach Kuba hat begonnen.

<h1 style="text-align:center">XIX</h1>

Reise durch den Golf von Mexiko und die Straße von Yucatan von Vera Cruz nach Progresso und Havanna

DAMPFSCHIFF MONTEREY, AUF SEE,

21.-24. Dezember.

Es war spät am Tag, als wir von Vera Cruz aus in See stachen. Das Küstenland verblasste; Der Hain der Kokosnusspalmen in der Alameda, deren gefiederte Wipfel sich im Abendwind bewegten, waren die letzten grünen Dinge, die ich sah. Als die Sonne plötzlich hinter dem großen Vulkan versank, füllte sich der westliche Horizont mit goldenen, scharlachroten und violetten Farben, und der Gipfel von Orizaba wurde von rosafarbener Pracht überflutet. Die Sterne blitzten auf, der Mond kroch aus dem dunklen Wasser. Wir befanden uns am Golf von Mexiko, und der tropische Himmel glühte und brannte in einem Glanz, der in den Breiten des mittleren Nordens unbekannt war. Das Wasser, das in unserem Kielwasser aufgewühlt war, blitzte und leuchtete mit der für tropische Meere charakteristischen Phosphoreszenz. Der Wind frischte auf, und mitten in der Nacht deuteten die Wissenden an, dass vor dem Morgengrauen mehr als die übliche Aufregung auf dem Meer zu erwarten sei. Tatsächlich war ein Telegramm von Galveston eingegangen, das uns warnte, dass ein „Norther" unterwegs sei.

EINE STRAßE VON VERA CRUZ

Ich saß bis spät in die Nacht, genoss den aufkommenden Sturm und genoss die köstliche Luft.

Nach einem so langen Aufenthalt auf hochgelegenem, trockenem und ausgedörrtem Land war es eine Freude, wieder auf dem Meer zu sein. Das unruhige Wasser warf unser robustes Boot hin und her, als wäre es ein Korken. Trotz des Rollens des Schiffes und des Hämmerns der wogenden Wellen gegen die Hülle meiner Kabine schlief ich tief und fest, und ich gehörte zu den Ersten, die auf die Sechs-Uhr-Glocken reagierten, die die Hungrigen zu ihrem Desayuno *riefen* . Diese Schiffe folgen den Bräuchen der meisten ihrer Passagiere und servieren Mahlzeiten nach spanischer Art – *Desayuno* von sechs bis sieben – Kaffee und Brötchen für jeden, der davon essen möchte – und gegen zehn Uhr das *Almuerzo* , das reguläre Frühstück. eine herzhafte Mahlzeit; dann die *Comida* , mitten am Nachmittag; während später zwischen sieben und acht Uhr *Cena* serviert wird, eine leichte Mahlzeit, eine Mischung aus englischem Tee und Abendessen.

Den ganzen Tag wehte der Wind stetig aus Nordwesten, und die mexikanischen Reisenden verbrachten die meiste Zeit zusammengekrümmt über den Schienen wie gebogene Haarnadeln. Im Laufe des Nachmittags verstärkte sich der Sturm. Große Wolkenbänke, schwarz und bedrohlich, rollten auf uns herab, und gegen Ende des Tages ergossen sich Sturzbäche von Regen. Zu diesem Zeitpunkt befanden sich nur noch wenige Passagiere auf den Decks, und die Gruppe, die sich mit dem Kapitän zum Abendessen versammelte, konnte man an einer Hand abzählen. Als die Nacht hereinbrach, dröhnten die Winde lauter und Schrecken erfasste die unerfahrenen Landbewohner von Yucatan. Aber ich verspürte keine Anzeichen von Seekrankheit, und die hervorragende Seefestigkeit dieses Schiffes gab mir ein Gefühl von Sicherheit und Ruhe. Ich zwängte mich in meine Koje, damit ich nicht hinausgeworfen würde, und eingelullt vom Brausen des Sturms und dem Rollen und Sinken des Schiffes schlief ich friedlich ein. Als ich endlich aufwachte, war die Sonne schon lange am Himmel und die Wolken waren größtenteils nach Süden gezogen. Wir lagen auf der offenen Reede vor Progresso, vier Meilen vom Ufer entfernt, doppelt vor Anker. Südlich von uns, entlang der gesamten Küste, konnten wir die Kämme der gigantischen Brandung sehen, die auf den sandigen Rand von Yucatan schlug. Kein Boot mit geringerer Stärke als unseres könnte es wagen, einen solchen Sturm zu überstehen; Bis das Wasser nachlässt, können sich keine Schiffe vom Ufer zu uns wagen. Entlang der gesamten Küste der Halbinsel Yucatan gibt es keine Häfen. Die einzigen Häfen sind Campeche und Progresso, und die Schiffe müssen drei bis vier Meilen draußen auf dem offenen Meer liegen und Passagiere und Fracht müssen in Leichtern an- und ausgeladen werden, was sehr zum Nachteil des Handels ist. Über den weißen

Linien der schäumenden Brandung können wir die Wipfel der wogenden Kokosnüsse und Königspalmen sehen, und dazwischen die weißen Gebäude von Progresso. Etwa dreißig Meilen hinter Progresso liegt die Stadt Merida, aber nur wenige Meter über dem Meeresspiegel, das Handelszentrum des weltweiten Heniquen- oder Sisalgrashandels. Seit Beginn des Philippinenkrieges, als der Manila-Hanfhandel zum Erliegen kam, ist ein enormes Exportgeschäft mit diesem Gras entstanden. Die natürlichen Bedingungen begünstigen hier das Wachstum der Fasern, da sie bei geringem Anbau und großem Ertrag ansteigen. In den letzten Jahren haben die glücklichen Pflanzer von Mérida Millionen von Dollar angehäuft, und keine Stadt in Mexiko hat so plötzlich an Wohlstand gewonnen.

DIE KLEINEN JUNGEN VERLASSEN UNSER SCHIFF

Am Nachmittag sahen wir unsere ersten Landboote und es wurde uns versprochen, dass die Ladung morgen, auch wenn es Sonntag ist, abgeholt werden soll. Zwei kleine Boote haben sich auf den Weg gemacht, und in eines davon wurden die Postsendungen geworfen, die ein wartender Zug schnell nach Merida bringen wird, aber bis zum Morgen dürfen weder Passagiere an Land gehen, noch wird Fracht an Land gebracht.

Heute haben wir unsere ersten Seevögel und ein paar fliegende Fische gesehen, während seit dem frühen Morgengrauen eine ununterbrochene Prozession von Haien um das Schiff herumzieht, deren scharfe Rückenflossen ständig über dem Wasser sichtbar sind. Einige der Passagiere haben nach ihnen geangelt, aber bisher wurde noch keiner gefangen und sie seien, wie man mir sagte, sehr scheu. Obwohl sie ein Schiff bis nach Havanna begleiten, sind sie der Linie des Fischers gegenüber so misstrauisch, dass sie nur selten gefangen genommen werden.

Heute Morgen stand ich da und blickte auf das Deck unter mir und beobachtete eine Gruppe von dreißig oder vierzig kleinen Jungen im Alter von zehn bis zwölf und vierzehn Jahren, darunter ein kleines Mädchen, scheinbar die Schwester eines der jüngeren Jungen. Meistens saßen sie in Vierer- oder Fünfergruppen da, warfen *Centavos* und schrien vor Freude. Sie verspielten die wenigen Münzen, die sie besaßen. Ein paar Matrosen kamen heran, packten zwei der kleinen Jungen und stellten sie einander gegenüber. Die Gefangenen schienen die Absichten ihrer Häscher zu begreifen und begannen sofort mit verzweifelten Kämpfen, bis einer den anderen niederschlug, so wie ein paar Wildhähne in den Kampf gehen, wenn sie gegeneinander antreten. Sobald einer von ihnen besiegt war, schob ihn sein Seemannspatron als etwas völlig Nutzloses beiseite, packte einen anderen Jungen und stellte ihn vor den Sieger. Dann machten sie sich wieder daran, und viele der Kinder unterbrachen ihr Spiel, um zuzusehen. Die Mexikaner um mich herum wetteten auf die Kämpfe und genossen anscheinend den Zeitvertreib. Ich erkundigte mich, wer diese Kinder seien, und erfuhr, dass es sich dabei um ein Unternehmen handelte, das größtenteils von den Straßen Mexikos und benachbarten Städten gestohlen worden war, und mir wurde gesagt, dass einige von ihnen aus staatlichen Waisenhäusern für zehn Dollar pro Kopf gekauft worden seien Zahlung des Preises ohne Rückfragen zum Bestimmungsort. Sie werden praktisch in die Sklaverei verschleppt, um von den Heniquen-Pflanzern Yucatans schnell zu Tode gearbeitet zu werden. Sie werden auf die Plantagen gebracht und sterben dort schnell an schlechter Ernährung, harter Behandlung, Gelbfieber und den Bissen von Insekten, die sich in ihre ungeschützten Beine und Arme bohren. Man sagt, dass sie wie die Fliegen absterben, wobei der Käufer sich anstrengen muss, ihnen durch Arbeit das Geld aus der Tasche zu ziehen, bevor sie sterben. Die Kinder wissen nichts von ihrem Schicksal, bis sie dem Tod ausgeliefert werden. Die kleinen Kerle vor mir waren während der gesamten Reise in großer Freude; Jeder hatte ein paar Silbermünzen erhalten, die ersten, die viele von ihnen in ihrem Leben gesehen hatten, und die Freude über den Besitz veranlasste sie, den ganzen Tag über fröhlich zu spielen. Dieser Kinderhandel soll schon lange bekannt sein und von den mexikanischen Behörden ignoriert werden. Später sahen wir zu, wie sie an der Seite des Schiffes herunterkletterten und in die Leichter stiegen, wobei sie vor Freude schrien, als sie erwarteten, zu

„den schönen neuen Häusern auf dem Land" zu gehen, wo ihre Entführer vorgaben, das sei das Ende ihrer Reise.

AUS FÜR DEN FORTSCHRITT

Es war später Montagabend, als wir von Progresso aus in See stachen. Den ganzen Tag über luden wir Fracht in die Leichter, die um uns herum wimmelten, während größere Schiffe nach dem Ablegen der Passagiere und Fracht Heniquen-Ballen herausbrachten, die schnell unten verstaut wurden.

Unter den Passagieren, die das Schiff verließen, waren mehrere Amerikaner. Einer, ein großer, rothaariger, kräftiger Mann mit freundlichem Gesicht und freundlichem Auftreten, aus Mississippi, war ein Holzfäller, der in den Wäldern von Yucatan Mahagoni kaufte. Er erzählte mir, dass die Amerikaner das gesamte verfügbare Mahagoni kaufen, das jetzt in den zugänglichen mexikanischen Wäldern steht, und er schien das Mahagoni aus Yucatan als besonders wertvoll zu betrachten. Ein weiterer Passagier, der das Schiff verließ, war ein kleiner, glattrasierter Mann. Er erregte schon früh unsere Aufmerksamkeit durch sein scheinheiliges Auftreten und die erschreckend fließenden amerikanischen Flüche, mit denen er seine Pokerspiele im Raucherzimmer würzte, wo er in Gesellschaft einer Gruppe auffällig gekleideter und mit Diamanten besetzter Mexikaner offenbar um die höchsten Einsätze spielte. Der Kontrast zwischen seinem glatten Äußeren und dem abscheulichen Inhalt seines Geistes sowie die Tatsache, dass die zwei oder drei Mexikaner mit harten Gesichtern, die scheinbar für die Gesellschaft kleiner Jungen verantwortlich waren, ihn ständig aufsuchten, um sich zu beraten, führten zu dem Verdacht, dass er der Haupthändler dieses Todeshandels war. Als wir ihn nach seinen Vorfahren und seinem Geschäft fragten, wurde er beleidigend, und als ich ihn mit meiner Kodak fotografierte, wurde er wütend und scheute sich danach, mit seinen Landsleuten in Kontakt zu treten. Wer er wirklich sein könnte, wissen wir nicht. Als die kleinen Jungen das Schiff verließen, bemerkten wir, dass auch er davonsegelte.

Die Sonne sank gerade wie ein Feuerball in den Rand des Westmeeres, als wir den Anker lichteten und nach Osten dampften, um die Straße von Yucatan zu überqueren. Die Wasseroberfläche lag ruhig und still wie eine Glasscheibe. Wir brauchten zwei Nächte und einen Tag, um Havanna zu erreichen, und den einen Tag verbrachten wir mit der Überquerung der Meerenge.

Den größten Teil des Nachmittags habe ich auf dem Vorderdeck gesessen oder gelegen und das Wasser beobachtet und das Meeresleben überall um mich herum beobachtet. Wir sind an unzähligen Schwärmen fliegender Fische vorbeigekommen. Hier und da sind ein paar Schweinswale um uns herumgestolpert und herumgewirbelt, aber die Haie sind verschwunden. Außerdem habe ich meinen ersten Nautilus erblickt, der mit seiner gewundenen Schaluppe so zierlich über das Meer segelte. Diese exquisiten Schalentiere habe ich noch nie lebend gesehen, und ich habe sie mit größtem Interesse beobachtet. Sie erscheinen nur, wenn vollkommene Ruhe herrscht. Bei der geringsten Unruhe des Meeres verschwinden sie sofort aus dem Blickfeld. Wir sind auch den ganzen Tag durch ausgedehnte Massen von gelbem Golfgras gefahren, wie ich es bei der Durchquerung des Golfstroms auf Transatlantikreisen gesehen habe, nur dass das Unkraut hier in großen Massen vorkam und noch nicht von den stürmischen Gezeiten des Ozeans zerbrochen wurde. Aber wir wurden von keinen Vögeln begleitet.

Je weiter wir nach Osten kamen, desto weicher und milder wurde die Luft. Wir waren völlig allein, kein anderes Fahrzeug als unser eigenes tauchte irgendwo auf dem Wasser auf.

Ich schlief ein, beobachtete die großen Sterne und träumte von spanischen Galeonen und britischen Freibeutern, von portugiesischen Piraten und französischen Plünderern, deren abenteuerliche Segel im Laufe der Jahrhunderte in unzähligen Scharen diese jetzt stillen Meere weiß gemacht haben.

Als der Morgen anbrach, begrenzten die Küsten Kubas den Horizont im Süden, zehn oder fünfzehn Meilen entfernt. Niedrige Sandstrände erstrecken sich entlang des Meeres; Palmen, hoch und gefiedert, wehten im Morgenwind hinter dem weißen Band des Strandes, dahinter lag noch eine schwache blaue Linie von Bergen. Als wir uns der Insel näherten, schien es keinen Bruch in der Küstenlinie zu geben, aber weiter entfernt entdeckten wir einen schmalen Kanal zwischen der Festung El Moro und der Stadt Havanna und als wir ihn betraten, gelangten wir in einen Hafen, der landumschlossen und sturmfrei war , einer der sichersten der Welt. Wir ankerten in der Nähe des vorspringenden verrosteten Wracks des United States Steamship *Maine* . Ich hatte meine Reise beendet. Ich war hier, um an Land zu gehen, während die *Monterey* ein paar Stunden später nach Norden wenden und weiter nach New York segeln würde.

DER HAFEN VON HAVANNA

XX
Die Stadt „Habana" – Ereignisse eines Tagesaufenthalts in der kubanischen Hauptstadt

HABANA, KUBA,

5. Dezember.

„Habana", sagt der kubanische und spanische Mund, und das *b* wird so sanft ausgesprochen, dass man es nicht von einem *v unterscheiden kann* .

Gestern Morgen, Dienstag, haben wir unter den Wällen der großen Festung La Cabaña (Cabanya) in der weiten Binnenbucht vor Anker gelassen; Viele andere Schiffe legten in den ruhigen Gewässern an, darunter das Schlachtschiff *Massachusetts* und zwei Kreuzer, *Kentucky* und *Kearsarge* , der Marine der Vereinigten Staaten.

Wie Sie sich erinnern, ist der Hafen von Habana eine Meile oder mehr breit und neun oder zehn Meilen lang und bietet Platz für eine umfangreiche Schifffahrt. Jetzt, da es ausgebaggert und von dem über Jahrhunderte angesammelten Schmutz befreit wurde, können die größten Boote an den Docks und der Ufermauer entlang des Stadtrandes anlegen. Die größeren Schiffe, wie etwa in Vera Cruz, ankern jedoch immer noch lieber in der Bucht und befördern Passagiere und Fracht mit Schleppern und Leichtern an Land.

EIN SPANISCHES HOTEL – HAVANNA

Kaum hatten wir festgemacht, umringten uns eine Vielzahl kleiner Boote, die offenbar alle anboten, uns mit der Fähre in die Stadt zu bringen. Wir ignorierten ihr Geschrei und bestiegen den großen Dampfschlepper, auf den auch unser Gepäck umgeladen wurde, und landeten schnell am Zollamt.

Meine beiden Koffer und einen großen Korb mit mexikanischer Keramik überließ ich den Zollbeamten und kam nur mit einem Koffer in die Stadt. Das Zollhaus ist ein langes, niedriges Steingebäude, das von einem Eisenzaun umgeben ist und auch einen weitläufigen gepflasterten Lagerplatz umschließt. Die kubanischen Offiziere, die sehr höflich waren, stehen noch immer unter der militärischen Kontrolle der Vereinigten Staaten und von General Wood, und sie sprachen alle fließend Englisch.

Als wir durch die großen Eisentore hinausgingen, gaben wir einem *Cochero das Zeichen* , als ein halbes Dutzend gestikulierend und eifrig brüllend herangaloppierte. Wir wählen den saubersten *Cocha* von allen, ein seltsames antikes Fahrzeug, das eine Mischung aus einem deutschen *Fiacre* und einem Pariser *Voiture zu sein schien* . Wir stiegen zu dritt hinein, galoppierten durch enge Gassen hinauf in die Stadt und machten schließlich vor dem von den Spaniern geführten Hotel Pasaje halt. Es ist groß und luftig, und ich habe oben ein Zimmer, in dem ich die eventuell wehende Brise einfangen kann. Der Boden meiner Kammer ist gefliest; Es ist mit einem eisernen Bettgestell mit Drahtmatratze und gepflegten amerikanischen Landhausmöbeln ausgestattet   .
Von der Decke hängt eine elektrische Glühlampe, und es gibt zwei große Fenster ohne Schieberahmen mit venezianischen Lamellenvorhängen, die heruntergelassen werden können, um Wind und Licht fernzuhalten. Mein erster Blick auf Habana war aus einem dieser Fenster. Ich blickte auf eine Stadt mit Flachdächern, in der viel Hausarbeit verrichtet wurde, und dann darüber hinaus, über den mit Palmen geschmückten *Platz* und entlang des wunderschönen Prado bis zum Meer.

Mein erstes kommerzielles Geschäft war der Kauf wirklich feiner Zigarren zu einem äußerst vernünftigen Preis; und dann ein Päckchen Postkarten mit Ansichten von Kuba. In der Ecke jeder Karte stand die Aufschrift „Made in Detroit". Als ich den spanischen Verkäufer auf diese Tatsache aufmerksam machte, erklärte er: „Es gibt keinen Ort wie Detroit" und „zweifellos handelt es sich bei den Worten um den Namen des spanischen Künstlers, der die Karten entworfen hat!"

Als ich das Hotel verließ, schlenderte ich zur Plaza Grande, einem offenen, mehrere Hektar großen Platz, der von Kieswegen durchzogen ist und von vielen Königspalmen und anderen anmutigen Palmen beschattet wird. und als ich ihn überquerte, kam ich zum Prado. „ *Muy bonita esta el Prado* " (sehr schön ist der Prado) ist der gebräuchliche Ausspruch jedes Habanisten; und zu Recht sind die Habaner stolz auf ihren herrlichen parkähnlichen Boulevard.

CALLE OBISPO – HAVANNA

Habana ist auf einem niedrigen, breiten Hügel erbaut, der sanft zum Wasser hin abfällt. Auf dem abgeflachten Kamm dieses Hügels befindet sich die Plaza Grande, und von der Plaza bis zum Meer erstreckt sich auf einer Länge von ein oder zwei Meilen der Prado – ein breiter Boulevard auf beiden Seiten eines breiten grünen Parkstreifens, wo man spazieren gehen kann Der Weg führt unter einer Doppelreihe alter und schattentragender Bäume hindurch, und in Abständen sind bequeme Sitze aufgestellt.

Es ist der Prado, auf dem die Mode und Schönheit Habanas treibt, flaniert und verweilt, um von der ganzen Welt gesehen und gesehen zu werden. Entlang seiner Grenzen stehen auf beiden Seiten viele der edelsten Herrenhäuser seiner Kaufmanns- und Pflanzermagnaten. Einen Wohnsitz auf dem Prado zu haben, bedeutet, Respekt einzuflößen.

Der Spanier und Kubaner kümmerte sich wenig um seine Straßen, aber er widmete sich mit großer Aufmerksamkeit der Verschönerung des Inneren seines Hauses. Daher geht man in den kubanischen wie in den mexikanischen Städten oft zwischen kahlen, uninteressanten Wänden hindurch, während darin, ganz verborgen vor allen neugierigen Blicken, der kostbarste Marmor, die kostbarsten Stoffe, die seltensten Gemälde gesammelt werden können.

Später am Tag schlenderte ich durch die Einkaufsviertel entlang der berühmten Calles Obispo und O'Rielly, Straßen, die so eng sind, dass sie während der Hitze des Tages vollständig mit Markisen übersät sind, während der Radverkehr O'Rielly hinunter und Obispo hinauf muss . Hier sind in schlichten, unprätentiösen Gebäuden viele prächtige Geschäfte versammelt. Der Kubaner hat die Kunst des Schaufensterausstellens noch nicht erlernt; Darin ist er nicht einmal dem Mexikaner gewachsen. Aber wenn man erst einmal drinnen ist und weiß, wonach man fragen soll, werden einem ohne Umschweife schöne Stoffe und teure Waren gezeigt. Neben anderen Geschäften nimmt das Hutgeschäft sowohl im kubanischen als auch im mexikanischen Leben einen wichtigen Platz ein. In Mexiko markiert der *Sombrero* , ob teuer oder billig, den sozialen Status des Trägers, und ebenso bestimmt hier in Kuba die Qualität Ihres *Panamas* die Höhe der Gegenleistung, die Sie erhalten. Ich betrat das Hotel Pasaje mit einem modernen amerikanischen Filzhut, und als ich in einem wirklich guten *Panama* aufblühte , behandelten mich die Angestellten und Bediensteten mit deutlich erhöhtem Respekt. Wenn Sie ein Geschäft betreten, prüft der Verkäufer auf die gleiche Weise Ihren Hut und behandelt Sie entsprechend.

Bemerkenswert an Habana ist die große Anzahl an Zigarrenläden. Keine Stadt der Welt besitzt so viele. Auch die dort gekauften Zigarren sind nicht zu übertreffen. In Habana raucht jeder Zigarren. Die Zigarette nimmt den unteren Platz ein. Die Männer rauchen Zigarren; die Jungen rauchen Zigarren; sogar viele der Frauen rauchen Zigarren. In Mexiko rauchten die Damen in den Hotels und Eisenbahnwaggons normalerweise Zigaretten. Hier in Habana schließen sich zarte weibliche Lippen zärtlich um *El Segaro* .

An kleinen Ständen entlang der Straßenränder und an den Ecken wird auch viel Obst verkauft, aber nicht in der Menge oder Fülle, die man in den mexikanischen Städten findet, und ich habe auch keine Dulce-Jungen mit Tabletts mit kandierten Früchten auf dem Kopf *getroffen* .

In Habana gibt es zwei Hauptmärkte; Eine davon ist am Wasser, wo die Fischer herkommen und wo ich großes Interesse hatte. Da war der prächtige *Rote Schnapper* – den ich frisch aus dem Meer auf den Märkten Mexikos sah – ein großer, hübscher Fisch von tiefroter Farbe, der fünf bis sechs Pfund wog; und eine Vielzahl von Arten, die ich nicht kannte. Der andere, ein großer Markt, auf dem Blumen sowie Obst und Gemüse verkauft werden, liegt auf dem Hügel, ein oder zwei Meilen vom Meer entfernt.

Die Gemüsegärten am Stadtrand sind in den Händen der Chinesen, die das Gemüse auf die Märkte bringen, wo es von den Kubanern verkauft wird. Sie bearbeiten die Gärten genauso wie in Shanghai, in Kanton, in Peking; sie sind direkt aus China gekommen; Sie kontrollieren bereits den Gemüsehandel in Habana und sollen schnell reich werden.

Die Märkte sind weder so groß noch so reichhaltig wie die von Mexiko-Stadt, wo die Früchte und Gemüse des gemäßigten Hochlandes, aber auch der Tropen am selben Stand angeboten werden.

Es war am Tag vor Weihnachten, als ich den größeren Markt besuchte, und das Hauptinteresse der Käufer schien sich auf die Ausstellung lebender Schweine und Spanferkel zu konzentrieren. Es ist Brauch des Kubaners, sein Weihnachtsfest mit einem königlichen Bankett aus gebratenem Schweinefleisch zu feiern. Also wählt die Hausfrau ein „lebendiges und quiekendes Abendessen", fesselt ihn an seinen vier Beinen und trägt ihn mit einer Schnur über ihrer Schulter nach Hause, wobei sie kräftig unter ihrem Arm schreit. Ich habe in Mexiko nur wenige Schweine gesehen, nur ab und zu ein Schwein oder ein Schwein, mager und wild, die in Michoacán am Wegesrand entlang huschten; aber hier in Kuba ist das Schwein *el gran Señor*.

Die Menschenmassen, die sich auf diesen Märkten versammelten, standen in starkem Kontrast zu denen in Mexiko. Hier gab es keine der warmen braunen Indianertöne, sondern den gelben Mulatten und den sehr dunklen Spanier oder Neger. Das Merkwürdige an diesen kubanischen Massen ist, dass der spanische Mulatte, anstatt die Hautfarbe des weißen Mannes mit den Gesichtszügen des Negers zu tragen, im Gegenteil die Gesichtszüge des weißen Mannes mit der dunkleren Farbe seines afrikanischen Blutes trägt, und daher der Eindruck, den er erweckt Bei einer kubanischen Menge handelt es sich eher um Männer mit kaukasischen Gesichtszügen, deren Farbe von blasseren bis zu dunkleren Farbtönen reicht. Es wird auch gesagt, dass in vielen der dunkleren Gesichter überhaupt kein Negerblut steckt, sondern dass sie von den Nachkommen der alten Mauren stammen, die einst die Herren des alten Spaniens waren und eine stolze Abstammung und dunkle Haut als Erbe hinterlassen haben . Für das ungeübte Auge ist es fast unmöglich, zwischen dem spanischen Neger und dem „schwarzen Spanier" zu unterscheiden. Somit wird in Kuba die Farblinie der Rassenunterscheidung, wie sie in den Vereinigten Staaten gezogen wird, nahezu unmöglich. Es existiert auch nicht. Männer aller Couleur vermischen sich bei gesellschaftlichen Anlässen, denn wer kann schon sagen, ob das dunkle Gesicht vom Blut des einfachen Negers oder des hochmütigen Mauren beschattet ist?

DIE KATHEDRALE – HAVANNA

Am späten Nachmittag machte ich mich auf den Weg den Prado entlang, und als ich vor Nr. 55 anhielt, berührte ich eine elektrische Glocke. Die Tür öffnete sich und ich betrat eine geräumige *Terrasse* ; Auf der einen Seite stand ein modernes Auto, auf der anderen Töpfe mit blühenden Pflanzen, und ich betrat einen großen und luftigen Salon.

Ich hätte in meinem eigenen Land sein können, denn es trug die Merkmale des modernen Geschmacks. Es war das Wohnzimmer von *Señora* – die ich als Miss – in den Vereinigten Staaten gekannt und bewundert hatte. Sie zeigte sich erfreut, mich zu sehen, und begrüßte mich mit der Herzlichkeit einer alten Freundin. Sie bestand sofort darauf, dass ich sie an diesem Abend zu Mrs. General Woods privater Loge bei dem Abendessen begleite, das die Bürger von Havanna den Marineoffizieren der Vereinigten Staaten, die jetzt mit dem Geschwader hier sind, überreichten. Das Abendessen sollte im Opernhaus stattfinden. Es wäre die bemerkenswerteste Veranstaltung des Jahres; Dort war alles versammelt, was sich im gesellschaftlichen, militärischen und maritimen Leben Kubas, Spaniens und Amerikas auszeichnete. Ich war ein Durchreisender, und meine weißen Entenhosen und mein blauer Flanellmantel waren kaum das Kostüm, das man in einer so glänzenden Gesellschaft tragen sollte; Aber es war das Beste, was ich hatte, und was könnte ich besser tun, als es zu akzeptieren? Der Ehemann meiner Gastgeberin muss als Mitglied des Empfangskomitees von ihr getrennt werden, und meine Begleitung würde ihr zugute kommen.

Ein paar Stunden später wurden wir in das große Theater geführt und mit viel Zeremonie zur privaten Loge der Frau des kubanischen Militärgouverneurs geführt. Hier waren Mrs. Wood selbst, die Frau von Admiral Converse und die Damen ihres Gefolges versammelt. Die Szene war großartig. Das geräumige Opernhaus, das die Spanier mit ihrem Sinn für Prunk, Zeremonie und brillante Funktionen erbaut hatten, war mit einer vornehmen Versammlung gefüllt; Vom Boden bis zum hohen Dach befanden sich Reihen von Kisten, und diese Kisten waren mit der Schönheit und Mode Kubas gefüllt. Das große Parkett des Theaters war mit einem Fußboden ausgelegt und auf diesem Raum standen lange Tische. Das Abendessen hatte bereits vor einiger Zeit begonnen. Die dort versammelte Gesellschaft näherte sich der Stunde, in der Toasts angeboten werden. Der junge *Señor* Garcia, Sohn des kubanischen Generals, war der Toastmaster dieses Anlasses. Zu seiner Rechten saß General Wood; zu seiner Linken der Erzbischof von Santiago, in reichen und prachtvollen Gewändern, der erste einheimische kubanische Priester, der diese hohe Würde erlangte. Die amerikanischen Marine- und Militäroffiziere trugen ihre Paradeuniform, und die kubanischen Generäle glänzten mit kriegerischen Gewändern und goldenen Spitzen. Die Zivilisten trugen Frackanzüge und ich fiel als einziger Gast des Abends in weißer Ente und blauem Flanell auf.

DAS ERSTE GRÜNE SCHWERT – HAVANNA

Die Reden wurden auf Spanisch und Englisch gehalten und es herrschte große Begeisterung und gute Gemeinschaft. Im Laufe des Abends kamen die meisten der anwesenden Herren, um der Frau des kubanischen Gouverneurs ihre Aufwartung zu machen, und ich hatte das Glück, den meisten von ihnen vorgestellt zu werden.

Die Stimmung zwischen den Kubanern und den Amerikanern ist jetzt sehr herzlich, oder, vielleicht sollte ich sagen, zwischen den regierenden und kultivierteren Kubanern und uns selbst; Denn unter denen, deren Wissen über die Vereinigten Staaten hauptsächlich aus dem Kontakt mit Soldaten stammt, die bei der Durchsetzung der Ordnung nicht gerade höflich sind, gibt es wenig gute Gefühle, sondern eher ein Gefühl scharfer Feindseligkeit, das, obwohl es normalerweise unterdrückt wird, dennoch hin und wieder zum Vorschein kommt aus.

Nach dem Abendessen und dem Abschluss der Veranstaltung schlenderte ich unter den Sternen entlang des Prado und über die Plaza Grande zu meinem Hotel. Die Straßen waren noch voller Menschen, obwohl es schon spät war. Auf dem großen Platz hatte die Band ihr abendliches Konzert noch nicht beendet, und die Stühle, die in Havanna wie in Mexiko an die Öffentlichkeit vermietet werden, waren noch gut gefüllt mit denen, die sich aufhielten, um die Musik und die kühle Nachtluft zu genießen.

Als ich meinen Heimweg fortsetzte, hörte ich in der Ferne Stimmengewirr und gelegentlich einen Schrei. Die Geräusche kamen näher. Als ich den Prado hinunterblickte, sah ich viele bewegliche Lichter. Dann begann eine Band zu spielen. Eine Prozession nahte. Ich hielt inne, um zuzusehen. Zuerst kam eine Band, Männer in schicken Uniformen; Ihnen folgten Männer zu Pferd, einige in Uniform, andere in Zivil. Dann kamen mehrere andere Gruppen und Männer und Jungen zu Fuß, die Banner, Laternen und Beleuchtungen trugen. Eine Menschenmenge marschierte durch die Straßen. Hin und wieder riefen sie den Namen „Masso, Masso" und brachen in *Vivas* und *Bravos aus* . Am Hotel Pasaje hielten sie an und wiederholten ihre Jubelrufe und Schreie. Die breite Straße füllte sich mit dem drängenden Mob, einer jubelnden Menschenmenge, größtenteils mit dunklen Gesichtern. Die Prozession war eine Demonstration zugunsten Massos durch die Anhänger der Partei „Massoista". Er ist der Kandidat, den sie im Gegensatz zur Estrada Palma für das Präsidentenamt der Kubanischen Republik wählen würden.

GEMÜSE VERKAUFEN – HAVANNA

Am Nachmittag des folgenden Tages fuhr ich in Begleitung eines Freundes mit der Straßenbahn in Richtung der Vororte auf dem Hügel, als uns ein großer und höflicher Kubaner entgegenkam. Er nahm neben meinem Freund Platz, drehte sich nach kurzem Gespräch zu mir um und sagte in perfektem Englisch, dass er mich am Abend zuvor in der Schachtel mit „Señora General Wood" bemerkt hatte *und* „dass er mich bemerkt hatte." für einen Fremden in Habana." Er sagte, dass er das Auto bald verlassen würde und fragte, ob wir nicht Lust hätten, ein altes kubanisches Herrenhaus zu besichtigen, um zu sehen, wie die Menschen in Kuba im Stil des alten Regimes *lebten* .

Da ich die gnädige Art der Komplimente kannte, die bei den spanischen Völkern üblich ist, wollte ich ihm für die angebotene Höflichkeit und Ablehnung danken; Doch zu meiner Überraschung nahm mein amerikanischer Freund die Einladung sofort an. Wir verließen das Auto in Begleitung unseres Führers *Señor* , der einer der ältesten kubanischen

Familien französischer Abstammung angehört und ein angesehener Anwalt ist.

Wir näherten uns einer stattlichen Residenz aus weißem Marmor, einer Reihe hoher Marmorsäulen vor einem Marmorportikus, der sich entlang der Vorderseite erstreckte. Wir gingen durch ein kleines Tor in einem größeren Tor in einem hohen schmiedeeisernen Zaun, durch eine kleine verglaste Tür in einer großen Türöffnung und gelangten in einen hohen, breiten Salon, der sich über die Vorderseite des Hauses erstreckte. Alles war aus weißem Marmor – die Böden, die Täfelungen, die Türen – es gab nirgendwo Holzarbeiten. Hübsche Teppiche lagen auf dem Boden und französische Rattanmöbel in einfachen Formen waren im Raum verstreut. Auf der einen Seite betraten wir ein weiteres hohes Zimmer mit ähnlichem Boden und Täfelung, das als Damenboudoir diente, und gelangten von dort über eine breite Piazza in einen wunderschönen und gepflegten spanischen Garten. Die Wege waren sorgfältig angelegt, die Beete waren voller blühender Pflanzen – es gab viele Palmen verschiedener Sorten und ein Marmorbadehaus mit fließendem Wasser und einem großen Swimmingpool. Hinter dem Blumengarten betraten wir einen Gemüsegarten, in dessen Nähe sich ein geräumiger Stall befand; Als *El Señor* dann zum Haus zurückkehrte, fragte er, ob wir auch die Küche sehen möchten. Wir wurden in einen großen quadratischen Raum geführt, in dessen Mitte ein achteckiger, blau gekachelter „Ofen“ stand, der oben etwa zehn Fuß breit und vier Fuß hoch war, eine Art Porzellantisch, der viele Nischen enthielt, in denen man klein bauen konnte Holzkohlefeuer, ein einziges Feuer zum Kochen jedes einzelnen Gerichts. Ein alter Negerdiener, ein freigelassener Sklave, bereitete das Abendessen vor. Als nächstes betraten wir das große Esszimmer mit alten Mahagonimöbeln, einem langen Tisch für Bankette und an einer Seite eines kleinen Tisches, der bereits für das Abendessen gedeckt war. Auf dem hohen, altmodischen Mahagoni-Sideboard gab es viel schönes Silber und geschliffenes Glas. Vom Esszimmer gingen wir in eine Bibliothek, deren Regale mit französischen und spanischen sowie deutschen und englischen Büchern gefüllt waren. Hier hatte der Vater meines Gastgebers, ein angesehener Richter, einen Großteil der erlesensten Literatur der Welt um sich versammelt. Dann kamen wir auf die große *Terrasse* , quadratisch und zum Himmel hin offen, mit einem Springbrunnen in der Mitte und vielen Topfpalmen und blühenden Pflanzen rundherum. Das große Haus war einstöckig und alle Räume gingen auf den zentralen Hof hinaus. Keines der Fenster war mit Glas versehen, und Jalousien hielten Licht und zu viel Luft fern.

Hier, in diesem prächtigen Haus, lebte ein halbes Jahrhundert lang eine der angesehensten Familien Havannas; Hier lebten nun die Enkel derer, die es gebaut haben.

Unser Gastgeber führte uns dann auf das breite Flachdach, von wo aus sich vor uns ein Panorama auf die Stadt, die Bucht und das offene Meer erstreckte.

Mein Freund, der schon lange in Havanna lebte und dort einen hohen Posten in der Regierung innehatte, hatte noch nie zuvor das Privileg genossen, ein so schönes kubanisches Haus zu besichtigen. Als wir uns an diesem Abend trennten, drehte er sich zu mir um und sagte: „Vielleicht ist es den weißen Entenhosen und dem blauen Flanellmantel zu verdanken, die gestern Abend in der Loge des kubanischen Generalgouverneurs so auffällig waren, dass sich uns beiden nun die Gelegenheit bietet." ." *El Señor* hatte sich gefreut, dem Gast der First Lady der Insel eine Höflichkeit zu erweisen.

Weder die große Kathedrale von Havanna noch eine ihrer Kirchen, noch die ehrenwerte Kapelle, in der die Gebeine von Kolumbus gelegen haben sollen, noch eines ihrer öffentlichen Gebäude, nicht einmal der „Palast" der spanischen Generalkapitäne, sind so beeindruckend und prächtige Architektur, wie man sie allgemein in Mexiko sieht. Die Verlockung und der schillernde Ruhm des Reiches von Montezuma lockten alles an, was im alten Spanien gewagt, kraftvoll und brillant war. Sogar die Wunder Kubas und der Antillen verblassten vor den Geschichten über den sagenhaften Reichtum und die Schätze der Eroberung von Cortez. Die edlen Kirchen und die Architektur Mexikos können mit den kubanischen Städten nicht mithalten. Auch gibt es bei den Kubanern nicht die malerische Kleidung, die auffallende Brillanz der Farben, die man auf den Straßen der mexikanischen Städte sieht. In Kuba sieht man keine scharlachroten, grünen und blauen *Zerapes* ; keine violetten, blauen und rosa *Rebozos* ; keine *Rancherros* und *Caballeros* in Samtjacken und eng anliegenden Hosen, geschnürt und besetzt und mit Silber- und Goldfäden zugeknöpft; nichts von der Pracht in Farbe und Kleidung des 16. Jahrhunderts, die noch immer dem Straßenbild in Mexiko anhaftet. Von außen betrachtet ist Kuba ausgesprochen unromantisch modern. Der schwarze Mantel ist *ein Muss* ; Der schwarze Hut oder der *Panamahut* ist die einzige Kopfbedeckung, und selbst die konventionelle Hutmacherei hat begonnen, die anmutige *Mantille* von den Augenbrauen der *Las Señoras zu vertreiben* . Es gibt keine Poesie, keine künstlerische Färbung im Lebensplan des Kubaners. Seinem Gesicht und seinen Bewegungen mangelt es an der Lebhaftigkeit und Wachsamkeit, die von der frischen, belebenden Luft der mexikanischen Highlands inspiriert sind. Sogar die Kleidung, die er trägt, und die Art, wie er sie trägt, zeugen von der schweren Atmosphäre auf Meereshöhe, die er atmet. Auch hat die Sprache des Kubaners nicht die alte Anmut und Kraft bewahrt, die das fast klassische Spanisch des Mexikaners auszeichnet. Das in Kuba gesprochene Spanisch hat seinen Wortschatz um eine Vielzahl von Wörtern aus dem Französischen und Englischen seiner

Nachbarn sowie aus dem Provinzpatois *der* ehemals zahlreichen spanischen Soldaten erweitert.

EINE ECKE DES MARKTES – HAVANNA

Ein anderes Mal ritten wir in die attraktiven Vororte von Vendado, wo es viele schöne Häuser und weitläufige Gärten gibt, von denen die meisten im alten spanischen Stil erbaut wurden, einige der neueren Gebäude jedoch im Stil moderner amerikanischer Architektur. Letztere sind weniger attraktiv als diejenigen, die der Spanier im Laufe seines jahrhundertelangen Lebens in den Breitengraden der Tropen entwickelt hat.

XXI
Kuba – Die Festung La Cabaña

HAVANNA,

2. Dezember.

Der Kerzenstiel, den Captain MacIrvine in seiner Hand hielt, war so tief abgebrannt, dass seine Finger brannten. Mein letztes Streichholz war verbrannt. Wir sollten uns den Weg nach draußen suchen müssen. Genau in diesem Moment schimmerte ein schwaches Flackern eines fernen Lichts weit unten in dem niedrigen, schmalen Tunnel. Es kam näher, es wurde größer; da war ein Mann – ein Soldat – ja, ein kubanischer Offizier, ein Leutnant der Infanterie. Bei ihm waren zwei Damen; einer, der älter ist als er, dessen Gesicht süß, aber oh, so traurig ist! war von tiefen Linien durchzogen. Ihre Hand zitterte auf dem Arm ihrer Eskorte. Die andere Frau war jünger, genauso jung wie der Leutnant und sah hübsch aus. „ *Sí, Señor* ", antwortete der Leutnant auf eine Frage, „ich habe eine Schachtel mit dem Streichholz. Nehmen Sie eine Hälfte davon. Nimm sie alle. Ich kenne den Ausweg." Er reichte MacIrvine eine Schachtel mit kleinen Wachskerzen. Tränen liefen über das Gesicht der älteren Frau; der Jüngere schluchzte. Die drei gingen weiter und bogen den steilen Anstieg nach links hinauf. Wir waren wieder stockfinster.

FESTUNG LA CABAÑA

"Wer ist er? Wer sind Sie?" Ich fragte. „Er ist der Offizier, der jetzt das Kommando über diese Festung hat; Sie sind seine Mutter und seine

Schwester", antwortete MacIrvine, der meine Frage halb erraten hatte. „Er stammt aus einer prominenten kubanischen Familie. Sie waren wohlhabende Menschen. Eines Abends war die Familie beim Abendessen. Ein spanischer Wachmann kam im Haus vorbei und schickte eine Karte an den Vater, der ein angesehener Richter war. Er verließ den Tisch und ging zur Tür. Er wurde verhaftet und hierher gebracht, ohne Hut und in Hausschuhen. Als die Familie nachfragte, warum er nicht zurückkam, um seinen Kaffee auszutrinken, erfuhren sie, dass er nach La Cabaña gebracht worden war. Sie haben ihn nie wieder gesehen. Die spanischen Behörden berichteten, er sei „geflohen". Tatsächlich wurde er hierher in einen dieser Kerker gebracht und lebendig eingemauert. Diese losen Felswände, die Sie jetzt betrachten und die niedrigen Bögen entlang dieses Durchgangs füllen, erzählen alle die gleiche Geschichte. Hinter jeder dieser Mauern wurden ein oder mehrere Kubaner lebendig eingemauert. Ihre Knochen verrotten dort immer noch."

Wenn ein Mann eingemauert war, wurden keine Aufzeichnungen über den Kerker geführt; Die Wachen wurden anschließend ausgewechselt und oft in eine andere Festung geschickt. Niemand kannte die Grabstätte des Opfers, wo es nur mit einem Krug Wasser und einem Laib Brot eingemauert wurde; und die Ratten raubten ihm die Hälfte davon. Vergessenheit im Leben, Vergessenheit im Tod.

Wir befanden uns im tiefsten, dunkelsten Kerker der gigantischen Festung La Cabaña, die die Anhöhe gegenüber der Bucht von Havanna krönt. Der Durchgang war etwa einen Meter breit. An einer Seite befanden sich schmale, niedrige Bögen mit einer Spannweite von etwa einem Meter. Die meisten dieser Bögen waren vollständig mit einer Wand aus großen losen Steinen gefüllt. Zwischen den Ritzen könnte Luft durchströmen und Ratten und Eidechsen könnten hindurchkriechen; eine leere Ratte, nicht eine, die sich voll und ganz von den Toten im Inneren ernährt. Einige dieser Mauern waren niedergerissen worden, und die verstreuten Knochen, die scharfe Zähne nicht zerstört hatten, waren vollständig zusammengetragen und auf dem wunderschönen Friedhof der Stadt begraben worden. Aber die meisten dieser Mauern waren noch unberührt, und die Geschichte ihrer unbekannten Toten war für immer verloren. Mein Fuß traf etwas, ich bückte mich und hob das Schienbein eines menschlichen Arms auf; Die Ratten hatten es durch die Wand geschleift. Ich legte es sanft auf einen vorspringenden Felsvorsprung zurück, meine Seele erfüllte sich mit Entsetzen über die Geschichte der spanischen Grausamkeit, die es erzählte.

Wir waren weit vom Tageslicht entfernt. Wir hatten einen Wassergraben innerhalb der riesigen Festung überquert. Wir waren an vielen höhlenartigen Kammern vorbeigekommen, die in das massive Mauerwerk eingebaut waren – die Kasematten, in denen Soldaten und Offiziere bequem gelebt hatten. Wir hatten einen kleinen Raum mit Steinsitzen auf beiden Seiten betreten. Es war der äußere Wachraum der dahinter liegenden Kerkerreihe. Wir hatten ein riesiges Eisengitter aufgestoßen, das wie eine Tür in rostigen Angeln schwang. Wir waren in einer riesigen, gewölbten Kammer angekommen, die mit riesigen Steinen ausgelegt war. Die Mitte des Bodens war tiefer als die Seiten und bildete den Abfluss. Entlang der Wände befanden sich zu beiden Seiten in einer Höhe von etwa sieben Fuß schwere Eisenringe. An diese Ringe waren die Gefangenen gekettet. Manchmal waren die Ketten an eisernen Halsbändern befestigt, die um den Hals geschweißt waren. Ein Mann könnte bequem auf Zehenspitzen stehen. Als seine Zehen nachgaben, drückte ihm das Halsband den Hals; Manchmal starb er über Nacht, bevor der Gefängniswärter feststellte, dass seine Zehen schwach waren. In diesem großen Saal waren Hunderte kubanischer Patrioten zusammengepfercht. Nur durch die schmale Gittertür konnte Luft eindringen – außer dem schwachen Schimmer, der durch die kleine Außentür hereindrang, konnte kein Licht eindringen. Diejenigen, die sterben könnten, wurden von einem ihrer Mitgefangenen, deren Fesseln es ihnen ermöglichten, sich zu bewegen, zum Gitter gebracht. In der großen Kammer stank es immer noch nach verfluchter Sterblichkeit. Aber das war noch nicht alles. Am anderen Ende des riesigen Raums befand sich eine weitere Gittertür, die jetzt in rostigen Angeln aufschwang. Wir gingen in einen zweiten Raum, der niedriger und länger als der erste war und in dem ewige Dunkelheit herrschte. Durch das entfernte Türgitter der ersten Kammer war kaum der leiseste Schimmer von Gottes süßem Tag zu erkennen. Auch hier waren an beiden Seiten in Abständen Männer an Eisenringe gekettet. Mit dem Ende unserer brennenden Kerze ließen wir den Blick über die massiven Wände schweifen und versuchten hier und da, in fehlerhafter spanischer Schrift die schwache Legende des unglücklichen Geschöpfs zu erkennen, das hier sein Sterbewort eingraviert hatte. In diesem abgelegenen Kerker wurden Menschen eingesperrt, um an magerem Essen, an fauligem Wasser, an ständiger Dunkelheit und an der fauligen heißen Luft zu sterben, die aus dem äußeren Kerker eindrang.

DER EINGANG ZU LA CABAÑA

Ich dachte, wir dürften sicherlich noch keine weiteren Schrecken zu sehen bekommen. Aber Captain MacIrvine kannte den Weg. Er gehörte zu den ersten amerikanischen Soldaten, die La Cabaña betraten und die Geheimnisse dieser unbekannten und manchmal vergessenen Kerker entdeckten. Am anderen Ende der zweiten Kammer stieß er eine schwere, massive Eisentür auf. Er betrat einen schmalen Gang, kaum einen Meter breit und so niedrig, dass ich mich bücken musste. „Denken Sie daran, wohin Sie Ihren Fuß setzen. Passen Sie auf Ihren Kopf auf. Gehen Sie langsam", rief er warnend; und wir erlebten einen steilen Abstieg. Die Luft war feucht und stinkend. Mein pochender Kopf war dumpf und schwer. Bevor wir uns näherten, huschte eine allzu unternehmungslustige Ratte. Ich bin auf den schleimigen Körper einer Eidechse getreten. Mein Ohr hörte, wie Scharen von Skorpionen sich zurückzogen, während sie mit ihren sperrigen Klauen schnalzten, aber ich hörte das düstere Flügelschlagen keiner Fledermaus; Hier herrschte eine zu tödliche Atmosphäre, als dass selbst diese überleben könnten. Wir kamen plötzlich an eine Felswand, locker, aber fest in einer niedrigen, gewölbten Senke verankert. Der Durchgang verbreitete sich und drehte sich im rechten Winkel, sowohl nach rechts als auch nach links. Hier sahen wir das herannahende Licht und trafen den kubanischen Offizier und die Damen.

Als wir wieder den Weg zum klaren, süßen Sonnenschein fanden, blickte ich in den blauen Himmel, der sich über meinem Kopf wölbte, und roch in meiner Nase die duftende Brise, die vom Meer heraufwehte, und blickte dann auf und sah, wie makellos und sauber dahintrieb Strahlend, über mir und über La Cabaña und über Kuba, jetzt frei, meine geliebte Flagge, die Flagge meines eigenen freien Landes, die Stars and Stripes, mein Herz beschleunigte sich. Ich würgte ein wenig und wusste, was Kuba und die Welt durch das Blut und die Tränen gewonnen hatten, die mein Land vergoss, damit die spanische Tyrannei für immer aus ihrer letzten Festung diesseits des Meeres vertrieben werden sollte.

Kapitän MacIrvine und ich hatten uns an diesem Nachmittag in der Nähe des Tors des Zollhauses in Havanna am Wasser getroffen. Wir hatten eines der seltsamen Ruderboote mit stumpfen Enden und Markisen genommen, die ein Dutzend Passagiere aufnehmen können und die sich überall an den Kais drängen. Wir hatten den alten kubanischen Wassermann für den Nachmittag angeheuert und ihm aufgetragen, uns zur Wasserstelle von La Cabaña zu rudern, uns an Land zu setzen und uns dann drei Stunden später am Nachmittag am Wassertor von El Moro zu treffen. Er war braun und verdorrt, hatte ein grimmiges, eckiges Kinn und schöne dunkle Augen. Er war ein kubanischer Patriot. Er selbst hatte fast zwei Jahre in den düsteren Kerkern der Festung verbracht, nachdem seine Familie ihn schon lange für tot gehalten hatte; Und das alles, weil er es in seinem geheimen Herzen wagte , *Cuba Libre* zu lieben .

La Cabaña ist die größte spanische Festung in der Neuen Welt. Es hat mehrere Jahrhunderte gedauert, bis es seine immensen Ausmaße erreicht hat. Der Rekord an Pflichtgästen, der die Anhöhen gegenüber der Stadt Havanna über der Bucht krönt, ist eine Aufzeichnung von drei Jahrhunderten voller Kummer und Qualen eines Rennens. Achtzehn bis zwanzig Millionen Dollar in Gold wurden für seine riesigen und massiven Mauern und Wälle, seine Wassergräben und Gräben ausgegeben. Die spanischen Ingenieure hielten es für uneinnehmbar, und die Vereinigten Staaten brauchten nicht auszuprobieren, was seine tatsächliche Stärke sein könnte. Den schmalen, schrägen, mit Steinen gepflasterten Damm von der Wasserseite bis zu den strengen Steinportalen des einzigen Eingangs ist eine lange Prozession kubanischer Patrioten vorbeigezogen – Männer und Frauen, einfache Jungen und weißhaarige Männer; und nur wenige sind jemals wieder herausgekommen. Dutzende von ihnen starben in den Kerkern, und ihre Körper wurden in Gräben begraben oder durch den unterirdischen Gang zu den Stadtmauern von El Moro getragen und dort den Haien im offenen Meer vorgeworfen. Diejenigen von geringerem Ansehen, die es noch wagten zu leben, wurden von Trupps zu einer vernarbten und verbeulten Wand gebracht und erschossen. Dieser Ort ist für den freien Mann von heute heiliger Ort. Wir standen mit unbedecktem Kopf davor. Ein kleiner Zaun befestigt es, eine Bronzetafel steht an der von Kugeln zerschmetterten Felswand. Das so üppige Gras vor uns ist mit dem edelsten Blut der kubanischen Patrioten getränkt. Der kubanische Soldat, der das Tor bewachte, sah zu, wie wir unsere Hüte vor dem heiligen und geweihten Grundstück der Märtyrererde hoben. Er verneigte sich respektvoll vor uns, als wir wieder eintraten, und es schien mir, als ob in seinem blauen Auge ein tieferes, freundlicheres Glitzern als beiläufige Begrüßung lag.

WO PATRIOTEN ERSCHIESSEN WURDEN – LA CABAÑA

In La Cabaña befand sich stets eine große Garnison regulärer Truppen in militärischer Bereitschaft; jetzt besetzt eine einzige Kompanie kubanischer Infanterie die Festung. Kuba frei und fünfzig kubanische Soldaten in La Cabaña; Kuba, eine spanische Provinz und fünfzigtausend Bajonette, um Havanna zu besetzen und zu unterdrücken, eine einzige Stadt!

Viele alte Kanonen schmücken noch immer die Stadtmauer von La Cabaña, die neuere Artillerie wurde nach Spanien verlegt oder, wie manche sagen, im Meer versenkt. Die alte Kapelle dient heute als Schlafraum für die kubanische Wache. Die Glocke, die so oft für die verlorenen Seelen der Verurteilten läutete, ist verschwunden. Die Quelle des Weihwassers ist ein Behälter für Müll. Die ausgetretenen Stufen, die zum Dach führen, reagieren nicht mehr auf den Tritt von Tausenden von Füßen, die früher darauf drückten. Direkt über der Kapelle, in der Nähe der Stelle, an der die Glocke schwang, stand die Würge, an der angeblich mehr als sechzigtausend Kehlen von den eisernen Griffen umklammert und zerquetscht wurden. Vielleicht sind nirgendwo auf der Welt so viele Seelen geschrumpft wie in der Kapelle von La Cabaña, und nirgendwo sind so viele Menschen ums Leben gekommen wie durch dieses schreckliche Instrument des Todes. Und doch, als wir auf dieser hohen Plattform standen, während die milde Luft des nun freien Kubas unsere Lungen füllte, und den kubanischen Soldaten zusahen, wie sie unten im Park auf und ab marschierten, kam es uns fast wie in der ruhigen und erholsamen Stimmung des Tages vor Es ist unglaublich, dass sich hier erst vor drei, höchstens vier Jahren eine tägliche Tragödie der Grausamkeit und des Grauens abgespielt hat, die kein menschlicher Stift je wirklich darstellen könnte.

Damals, im Jahr 1894, als ich ein paar kubanische Anleihen gekauft hatte, und im Jahr 1896, als ich in Coalburg die kubanische Flagge an meinem McKinley-Mast gehisst hatte, hatte ich irgendwie das Gefühl, dass ich etwas völlig richtig machte; Aber erst als ich auf den Stadtmauern von La Cabaña stand und über die ungeheure Erbarmungslosigkeit der spanischen Herrschaft nachdachte und im Brennpunkt meiner Vision den erwiesenen Beweis einer unvorstellbaren Grausamkeit in der heutigen Zeit sah, erst dann tat ich es Erkenne voll und ganz, wie Gott die Herzen und Taten meiner Landsleute geleitet hat, indem er das Fortbestehen dieser Missetaten für immer unmöglich gemacht hat.

Von La Cabaña wanderten wir eine Viertelmeile über eine grasbewachsene Wiese bis zu den Stadtmauern von El Moro. Es wurde auf einem tiefen Felsfundament erbaut und schützt den Winkel des Landes zwischen dem offenen Meer und der anderen Küste der Bucht von Havanna. Darüber weht, wie auch über La Cabaña, die Sternenflagge. Darin residiert eine robuste, sauber geschnittene und gepflegte Garnison unserer eigenen Jungs in Blau. Es tat mir gut, sie zu sehen. Sie sahen kräftig und sachlich aus. Junge Männer, gepflegt, mit klaren Augen, die in ihrem Aussehen und Gang die leichte Beherrschung der jugendlichen, riesigen Macht zum Ausdruck bringen, deren schlichte Uniform sie tragen. El Moro war nie eine Gefängnisfestung, obwohl es angeblich noch unentdeckte Kerker gab, die tief in den Felssockel gegraben waren, auf dem es steht. Auch ist es heute keine Festung mehr, die einem Angriff moderner Geschütze standhalten könnte. Aber in der Antike war es ein uneinnehmbarer Haufen und ist heute ein schönes Beispiel dafür, was die militärische Kunst den Menschen in vergangenen Jahrhunderten beim Bauen beigebracht hat.

Die meisten Waffen sind alt und veraltet, insbesondere ein Dutzend von enormer Größe, die unter den Soldatenjungen als „Zwölf Apostel" bekannt sind, während nur ein oder zwei moderne Waffen ihre Nase in Richtung Stadt und Meer strecken.

Von El Moro stiegen wir zum Ufer hinab, wo wir unseren Bootsmann fanden und mit der Fähre in die ruhige Stadt übergesetzt wurden. Die Sonne versank hinter dem Hochland im Westen; Der azurblaue Himmel war violett geworden, durchzogen von Gold und Rot. Das goldene Abendlicht erhellte die Stadt wie mit einer Aureole. Für mich war es ein heiliger Segen für Kuba, das nun für immer frei ist.

EIN SPANISCHER PARK – MATANZAS

XXII
Kuba – Ihr fruchtbares Zuckerland – Matanzas am Meer

Eine Tasse Schokolade, ein Brötchen, ein Stück Guavenpaste, das war mein *Desayuno* , mein Frühstück. *Señor* G——, Superintendent für Staatsbürgerausbildung an den Schulen Kubas, hatte ebenfalls seinen Morgenkaffee getrunken und erwartete mich am breiten Portal des Hotels. Wir riefen eine *Cocha* , baten den *Cochero,* uns zur Fähre in der Bucht zu fahren, und ratterten bald durch die engen, grob gepflasterten Straßen Havannas. Es war früh, noch nicht sechs Uhr. Aber die Menschen in den Tropen standen rechtzeitig auf und das geschäftige Leben des Tages hatte gut begonnen. Wir konnten direkt in die Innenhöfe und sogar in die Wohnzimmer der Häuser blicken, so nah kam unsere *Cocha* den offenen Türen und den weit hochgezogenen Vorhängen der glaslosen Fenster entgegen. Eine junge Mutter blickte neugierig durch die Eisengitter einer Fensterfront auf die *Amerikaner* . Sie hielt ihre lachende kleine Tochter in ihren Armen. Ein Paar Hausschuhe, eine Korallenkette, ein freundliches Lächeln und schon war es für den Tag gekleidet. Eine Familie saß an einem langen Tisch und nippte jeweils an dem klaren schwarzen Kaffee. Die Mutter rauchte eine riesige schwarze Zigarre, der Vater eine mittelgroße Zigarre, die Kinder rauchten alle Zigaretten. Spärlich bekleidete Händler verkauften ihre Waren, einer auf dem Rücken voller Blechwaren. Frauen trugen große Obstkörbe auf ihren Köpfen. Eine uralte, pechschwarze Afrikanerin trottete mit einem kreischenden Schuh voran, der an den vier Beinen festgebunden und an ihrer Schulter befestigt war. Eine Herde Eselinnen stand vor einer offenen Tür; Ihr Besitzer melkte eine davon, der Käufer stand in der Nähe, um sicherzustellen, dass die Morgenmilch echt war. Die Geschäfte waren allerdings noch nicht geöffnet. Für Käufer war es zu früh. Aber die Markisen wurden über die Straßen gespannt, um für die Sonne bereit zu sein, wenn es heiß werden sollte.

Als wir uns der Bucht näherten, verstärkte sich der Andrang der Fußgänger auf den Straßen. Die schmalen Bürgersteige und sogar die Straße selbst waren voller Männer und Frauen, die sich auf die Fähre zubewegten. Unser *Cochero* ließ seine Peitsche knallen und jubelte der Menge zu, und sie flohen ziemlich gutmütig aus dem Weg. Ich habe versucht, meine Zigarre anzuzünden, aber die Bewegung des Fahrzeugs hat das Streichholz ausgelöscht. Ich hatte gerade eine dritte geschlagen. Eine Frau auf dem Bürgersteig sah meine Lösung. Sie rief den *Cochero* und zeigte auf mich. Er hielt sein Pferd auf den

Hinterbeinen an. Er wartete, bis meine Zigarre brannte, dann fuhr er weiter. Das ist der Brauch in einer Stadt, in der jeder Mann und jede Frau raucht und *El Segaro* der König ist.

An dem langen Fährhaus mit niedrigem Dach herrschte eine große Menschenmenge, ein ungewöhnliches Gedränge. Wir zahlten unserem *Cochero* eine *Peseta* (zwanzig Cent), entließen ihn und schritten mitten durch die Menge.

In seiner Mitte befand sich eine Gruppe Herren mit weißen *Panamahüten* und weißen Leinenkleidern. Einer von ihnen war klein und kräftig, hatte einen grauen *Schnurrbart* , einen spitzen Spitzbart und wallendes graues Haar. Es war General Masso, der Präsidentschaftskandidat der Massoista-Partei. Ich hatte ihn an dem Abend getroffen, als er seine große Rede vor seinen jubelnden Anhängern vor dem Hotel Pasaje hielt und ihnen allen sagte, sie sollten nicht wählen gehen, wenn der Tag der Wahlen kommen würde, „denn nicht alle Palmaistas waren Schurken und Diebe und." Möchtegern-Usurpatoren der Macht, auch unterstützt von Yankee-Bajonetten! Welchen Sinn hatte es, gegen solche Kombinationen aus Unrecht und Bösem zu stimmen oder zu stimmen? NEIN! Lassen Sie die Massoistas zu Hause bleiben, und lassen Sie die Welt anhand der geringen Stimmenzahl erkennen, dass die wahre Stärke des kubanischen Volkes nicht bei Palma, der Marionette der amerikanischen Macht, lag, sondern beim wahren Volk Kubas, dessen Tag kommen würde Die Zukunft kommt bestimmt!" Und hätte die versammelte Menge nicht die Luft mit „ *Bravo!* "-Rufen erfüllt? *Viva Masso!* „Mit ihm war Señor Hernandez, Kandidat für die Vizepräsidentschaft der Massoista-Partei, der ebenfalls auf einem Stapel Kisten gestanden hatte und die aufgeregte Menge mit noch gemäßigterer Beredsamkeit aufgerüttelt hatte. Und da war auch *Señor* Gualberto Gomez, der größte Redner Kubas, klein, stämmig, grauhaarig, mit goldener Brille – ein spanischer Mulatte, der wahre Anführer der großen, turbulenten afro-spanischen Rasse; Der mächtige Unterstützer der Massoistas, von dem es heißt, er habe das Drittel der negativ-spanischen Bevölkerung Kubas zu einer soliden politischen Maschine zusammengeschweißt, die durch die geheimen Bande einer okkulten Bruderschaft zusammengehalten wurde. Seine ungestüme Beredsamkeit war es, die den Verfassungskonvent fegte und die Plane für das allgemeine Wahlrecht triumphierend zum Sieg gegen die vorgegebenen Pläne der konservativen Führer trug. Er würde nun dafür sorgen, dass seine Gefolgsleute das Gleichgewicht der Macht in Kuba innehaben und so die Insel regieren, wie es seine Rasse in Hayti und San Domingo tut! Vorerst würde er die Massoistas und ihre pro-spanische Propaganda nutzen, später würde er die spanische Gefolgschaft beiseite werfen und selbst Kuba durch die Macht seiner organisierten Schwarzen regieren. Auch der junge Garcia war dort, der Sohn des großen Führers, unzufrieden mit der Nebenrolle, die

Palma und die Amerikaner ihm zugestanden hatten, und besorgt um ein Kuba, das völlig frei von der Einmischung sowohl der Amerikaner als auch der Spanier war. Ja, diese Anführer waren alle da, und der große Platz vor dem Fährhaus war voller jubelnder Menschenmengen, die sich von ihnen verabschiedeten, und Masso „Gottes Segen" auf seiner Reise zu seinem Plantagenheim. Als ich diese Herren zuvor traf, genoss ich es, frei und offen mit ihnen zu reden, und sie hatten keine Skrupel gehabt, mir ihre Politik und Forderungen mitzuteilen: – ihre Entschlossenheit, zu herrschen oder zu ruinieren; Ihre Politik bestand darin, nicht wählen zu gehen und sich später zu einem bewaffneten Aufstand zu erheben. Heute Morgen waren sie alle hier versammelt, um sich ein letztes Mal von ihrem wirklich geliebten Häuptling Masso zu verabschieden, einem guten alten Patrioten mit einer berühmten Kriegsgeschichte, von dem viele jetzt glauben, dass Männer, die schlauer sind als er, für ihre eigenen egoistischen Zwecke eingesetzt werden
.

Das Wrack der Maine

Die Fähre war von alter Bauart und langsam in der Bewegung. Wir sollten die Bucht zu dem kleinen Vorort überqueren, wo wir den Zug nehmen sollten, der uns durch das hügelige Land und die flachen Ebenen Mittelkubas in die reiche und fruchtbare Zuckerproduktionsprovinz Matanzas bringen sollte.

Unser Weg über das jetzt klare Wasser der Bucht führte uns dicht an den zerdrückten und gebogenen Trümmern des US-amerikanischen Dampfschiffs *Maine entlang* , während nicht weit dahinter drei moderne Kriegsschiffe der Marine, die *Kearsarge* , die *Kentucky* und die *Massachusetts* , *leicht vor Anker lagen* . ein stolzes Trio für spanische und kubanische Augen. Das Wrack liegt immer noch da, sein einsamer Fockmast ist ein trauriges Denkmal für die Tragödie, die es markiert.

Die Eisenbahn verläuft fast genau nach Osten, von den tief gelegenen Vororten, und führt in der Nähe des Dorfes Guanabacoa vorbei, wo sich so viele der *Reconcentrados versammelten* , wo die spanische Grausamkeit ihre mutwilligsten Verbrechen entwickelte und wo das Gelbfieber die tödlichste Verwüstung anrichtete Spanier und Kubaner gleichermaßen. Wir rasten zwischen sanften, grasbedeckten Hügeln entlang, vorbei an großen Hainen mit dem anmutigsten und stattlichsten aller tropischen Bäume, der Königspalme, großen Anpflanzungen üppiger Bananen und auch vielen Kokosnusspalmen. Das Land war flacher als im Westen, und bald bewegten wir uns durch weite Gebiete des federartigen Zuckerrohrs. Es gab Meilen davon, und alle waren höher und robuster als das Zuckerrohr, das ich sah, als ich die Zuckerplantagen von Louisiana durchquerte.

Im schwarzen, tiefen und wunderbar fruchtbaren Boden wächst das Rohr ohne Pflege und Rücksicht. Hier muss das einmal gepflanzte Rohr zwanzig Jahre lang nicht zurückgesetzt werden, und der Bestand kann während dieser Zeit in Abständen von sechs Monaten geschnitten werden. Kein Wunder, dass die Zuckerbauern in Louisiana laut schreien, denn sie müssen alle drei Jahre ihre Wurzeln zurücksetzen und können davon nur mit zwei Zuckerernten rechnen; während ihr Zuckerrohr pro Tonne nicht annähernd so viel Zucker liefert wie die Ernten dieser kubanischen Länder. Auch der Zuckeranbauer der Everglades in Florida kann nicht mit der Fruchtbarkeit Kubas mithalten. Höchstens sieben Jahre für eine einzelne Wurzel sind da die Grenze, fünf Jahre sind häufiger die Regel, und der Stiel ist nur wenig süßer als der des Louisiana-Wuchses. Die amerikanischen Zuckermänner erkunden jetzt das Land in Kuba. Ich habe sie aus Louisiana, Texas und Florida getroffen. Sie werden bestimmt noch in größerer Zahl kommen.

Viele Meilen lang durchquerten wir diese wogenden Zuckerrohrfelder, kamen an vielen Dörfern und rauchenden Zuckerfabriken vorbei, die in Betrieb waren, an Gespannen fetter Ochsen, die das Zuckerrohr einschleppten, an Miniatureisenbahnen, die lange Zugladungen Zuckerrohr zu den Fabriken schleppten, und an Tausenden arbeitenden Männern und vielen Frauen Auf den Feldern hoben sie ihre Gesichter von der Arbeit und starrten für einen Moment auf unseren Zug, der vorbeiraste.

An einer Station stieg eine Hochzeitsgesellschaft in den Zug ein; Der Bräutigam war in schwarzes Wolltuch gekleidet, die Braut in weichen weißen Stoff, eine anmutige weiße *Mantilla* aus unbezahlbarer Spitze fiel über ihre dicken schwarzen Zöpfe. Ihre Freunde waren alle da, um sie zu verabschieden, und jubelten ihnen mit vielen *Vivas* zu, indem sie sie mit Reis überschütteten, als sie in den Wagen stiegen, gefolgt von der stämmigen Masse des in Soutanen gekleideten *Padre* , der sie zu einem gemacht hatte.

Matanzas, die angeblich die gesündeste Stadt Kubas ist, liegt etwa fünfzig Meilen östlich von Havanna an einer wunderschönen Bucht und überspannt die Mündungen zweier kleiner Flüsse, deren grüne Täler sich hinter der Stadt erstrecken. Die Stadt ist uralt und erstreckt sich zum größten Teil entlang eines hohen, langen, abfallenden Hügels oder mehrerer Hügel, die sich vom Meeresarm, auf dem sie liegt, nach hinten und oben erstrecken. Hier wurde unter der geschickten Aufsicht von General Wilson die erfolgreichste sanitäre Sanierung aller kubanischen Städte durchgeführt. Die Stadt wurde modern und sorgfältig entwässert und makadamisiert und wird mit reichlich reinstem Wasser versorgt.

Wir stiegen am geräumigen Bahnhof aus, einem größeren und besseren Bauwerk für seinen Zweck als jedes andere, das ich bisher in Kuba gesehen habe. Wir vertrauten uns der Obhut eines gelbbraunen *Cochero an* , der uns in Richtung Stadtzentrum galoppierte. Wir folgten einer langen, ebenen, breiten Straße, überquerten eine massive Eisenbrücke über den Fluss San Juan, machten eine scharfe Kurve, stiegen einen steilen Hügel hinauf und hielten vor dem Haupthotel an. Hier ist ein kleiner Innenhof, an dessen Ende ein lebensgroßes Porträt von José Marte, dem Märtyrer des Patrioten, hängt. Wir saßen auf der *Terrasse* , wo Palmen über uns wedelten, und Kaffee und köstlicher Fisch wurden uns zusammen mit einem Korb voller Orangen gebracht, wie ihn selbst Florida nicht zu übertreffen vermag. Wir zündeten uns unsere Zigarren an und schlenderten nun in die schönen, altmodischen spanischen Gärten der Plaza, die in präziser Symmetrie angelegt und von niedrigen Eisenzäunen auf Sockeln aus geschnitztem Stein geschützt sind, in denen die blühenden Sträucher und vielen blühenden Pflanzen zur Hälfte verborgen waren das Eisen und der Fels.

EIN BLICK AUF MATANZAS

Wir besichtigten die Kathedrale, ein kleines Gebäude mit quadratischen Türmen, das in schlechtem Zustand war, und besichtigten dann das kunstvolle und geräumige Gebäude der öffentlichen Schule, das jetzt in den Ferien leer war, und dann schlenderten wir zum Markt, wo Obst und Fisch besonders reichlich vorhanden waren; und wir bemerkten überall die Vielzahl braungebrannter und schwarzer Kubaner, denn viele Neger leben in gesunden Matanzas.

Dann stiegen wir den langen Hügel hinauf, bis wir hoch hinter der Stadt zu einer Kaktushecke, einem offenen Tor und einem alten, halb abgerissenen Haus kamen. Kinderstimmen erklangen, als wir uns der breiten Piazza näherten. Ein blauäugiger Mann mit festem und freundlichem Gesicht, ein wenig verhärmt und blass, aber voller Entschlossenheit, begrüßte uns an der Tür. Er hatte hier ein Zuhause für mutterlose Obdachlose geschaffen, für das Gesindel und den Müll der *Reconcentrado*-Lager, die die Herzlosigkeit und der Hunger der Spanier nicht völlig ausgerottet hatten. Der Mann kam aus Illinois und hatte mit seinen eigenen kleinen Mitteln diese wenigen Dutzend Kinder, allesamt kleine Jungen hier, zusammengebracht und für die kleinen Mädchen dort drüben auf der anderen Seite des Hügels ein eigenes Zuhause eingerichtet; hatte eine Gruppe freundlicher Kubaner zu sich geholt und hier diese Häuser und Schulen zur Rettung der kleinen Körper und ihrer Seelen errichtet und unterhält sie nun erfolgreich, ohne um Hilfe oder Almosen von außen zu bitten. Die Jugendlichen sind der Inbegriff guter Gesundheit. Ihr Essen ist das einfachste; Ihr Unterricht war freundlich, ihr Spiel stundenlang. Sie wachsen und gedeihen, und eines Tages werden Männer und Frauen sein, die Kubas Schicksal zum Wohle und nicht zum Leid unterstützen. Ich habe die kleinen Jungen zu einer Gruppe zusammengebracht und sie mit meiner Kodak aufgenommen, und ich schätze das Bild sehr, im traurigen Kontrast zu der Gruppe kleiner mexikanischer Jungen, die unser Schiff in Progresso verließen, ohne sich der brutalen Sklaverei und des Todes bewusst zu sein, die sie erwarteten.

Wir besuchten auch den schönen und einfachen Schrein und die Kapelle von Monserrat, die von den Nachkommen derjenigen errichtet wurden, die von den Balearen nach Kuba kamen. Dieser Schrein krönt den Gipfel eines Hügels mit Blick auf die Stadt. Wir verweilten hier lange und blickten auf die weite Landschaft, die sich so weit das Auge reichte in hügeligen Ebenen nach Süden erstreckte, mit überall Ausblicken auf reifendes Zuckerrohr, während sich nach Norden das fruchtbare Tal von Ymurri in Richtung der berühmten Höhlen von Bellmar schlängelte.

„*Veni aci*, Charley Blue-eyes", riefen sie uns hinterher, als wir durch die engen Gassen gingen. Einige der Stimmen besaßen die Kadenzmelodie der spanischen Jungfrau, aber wir trauten uns nicht, uns umzudrehen, denn wer wäre so mutig, uns „Charley Blue-Eyes" zu nennen, würden wir gerne wissen! Viele Kinder spielten am Straßenrand und nur wenige trugen auch nur ein Korallenband um den Hals. Ganz so, wie Gott sie geschaffen hatte, waren ihre gebräunten und dunkelbraunen Häute weich wie Satin unter dem Einfluss von Sonnenlicht und frischer Luft. Wir wollten uns nur ungern von der entzückenden Stadt verabschieden, und ich werde den Charme ihrer malerischen Lage, die Perfektion ihrer glatten Schotterstraßen und die Sauberkeit ihrer weißen, blauen und gelben Häuser nie vergessen. Gelb war der von den Spaniern am häufigsten verwendete und beliebteste Farbton, Blau ist die Farbe für den patriotischen Kubaner. Seit die spanische Unterdrückung die Küsten Kubas verlassen hat, durchleben die Städte eine stetige Metamorphose von Gelb zu Blau.

Wir verweilten auf der schönen Eisenbrücke, die den Fluss San Juan überspannte, und beobachteten den regen Verkehr auf den Gewässern unter uns, der hauptsächlich aus Fischer- und Obstbooten bestand, obwohl einige mit sperrigeren Handelsschiffen beladen waren. In einem kleinen Laden auf der anderen Seite der Brücke verweilten wir, um unsere Taschen mit köstlichen Zigarren zu füllen, die billiger waren als selbst unsere Stogies zu Hause; und wir ließen den Jungen hinter der Theke eine riesige Kokosnuss in ihrer grünen Schale nehmen, sie mit seinem großen Messer aufschneiden und den Likör darin ausgießen. „Milch" nennen sie es, aber es ähnelt eher Nektar, und er füllte zwei tiefe Gläser, deren Inhalt wir mit großem Inhalt tranken.

Als wir in die Stadt Havanna zurückkehrten, strahlten die Sterne. Das amerikanische Geschwader strahlte in elektrischem Licht, und nur der düstere Mast der *Maine*, der sich über das ruhige Wasser erhob, deutete auf die letzte Provokation zum Krieg hin, die Kuba vor so kurzer Zeit Frieden und Freiheit gebracht hatte.

FÜR DEN TAG GEKLEIDET

XXIII
Kuba – Die Tabakländer von Guanajay – Die Stadt und Bucht von Mariel

GUANAJAY, KUBA,

28. Dezember.

Es war dunkel. Durch das weit geöffnete Fenster meines Zimmers kroch die sanfte Morgenluft der Tropen. Jemand rüttelte an meiner Tür und rief: „ *Hey las seis, Hay las seis.* " „Es war sechs Uhr. Ich sollte mit dem Sieben-Uhr-Zug nach Guanajay und zu den fruchtbaren Tabakplantagen von Pinar del Rio aufbrechen. Im geräumigen, luftigen Speisesaal war ich der erste Gast im *Desayuno* .

Die Eisenbahnen Kubas und die Eisenbahnwaggons sind noch veraltet. Unser Auto muss vor fünfzig Jahren gebaut worden sein, mit seinen kleinen Sitzen aus harten Brettern und den Fenstern ohne Glas. Der Angestellte, der Tickets verkaufte, sprach kein Englisch. Ich legte einfach so lange spanische Dollar hin, bis er „ *bastante* " (genug) sagte. Später stellte ich fest, dass er, ausgehend von meiner Unwissenheit und der Menschenmenge, die sich hinter mir drängte, zu seinem persönlichen Vorteil zwei Dollar zu viel eingesammelt hatte. Die Eisenbahn ist im Besitz von Engländern, wird jedoch von Kubanern betrieben. Wir rollten langsam aus der Stadt Richtung Westen. Wir blickten auf hohe Steinmauern, erhaschten hin und wieder durch ein offenes Tor einen Blick auf einen Garten und liefen dann zwischen perfekt bestellten Gärtnereien mit reichhaltiger schwarzer Erde hindurch, in denen viele Chinesen arbeiteten.

Jenseits der Gärten kamen wir an stattlichen Gebäuden und dem wunderschönen Park rund um den Sommerpalast des spanischen Generalkapitäns vorbei, wo es Teiche und Brunnen, Palmen und blühende Sträucher gibt. All dies ist heute Eigentum der Republik Kuba und soll eines Tages in einen Vergnügungspark für das Volk umgewandelt werden, ebenso wie in Frankreich die alten königlichen Paläste und Gärten von Versailles und Fontainebleau. Als unser Zug nach Westen rollte, näherte er sich allmählich einer Hügelkette, auf der sich heute viele Ananasfarmen befinden, deren Früchte die winzige Pflanze Floridas zum Erröten bringen – groß, üppig und saftig. Neben mir saß ein junger Mann aus Boston. Er suchte nach Ananasland. Er hatte vor, den Schnee und das Eis Neuenglands zu verlassen. Er würde eine Plantage kaufen und sich in Kuba niederlassen und dort leben, wo es Gott sei Dank nie zur Eispest kommt, wo der Mensch nur pflanzen muss und die Natur in Hülle und Fülle den Rest erledigt. Wir kamen an vielen Orangenhainen, Zitronen-, Linden- und Mangobäumen vorbei, die die

Spanier nicht zerstören konnten. Ihre Zweige waren schwer mit gelben, goldenen, reifen Früchten. Hier, wo es keine Angst vor Frösten gibt, ist mittlerweile so mancher erfrorene Floridianer angekommen oder unterwegs. Die Orange Kubas ist süß, saftig und köstlich, und eines Tages werden die Amerikaner sie hier anbauen und in New York verkaufen und auf diese Weise das Geld zurückgewinnen, das sie in Florida verloren haben. Auf unserem Weg kamen wir an vielen Zuckerplantagen vorbei, die einst bewirtschaftet und heute verlassen waren. Die schwarzen und zerstörten Schornsteine und verfallenen Mauern ihrer Fabriken waren beredte Zeugen von Verwüstung und Krieg. Aber die kleineren Gehöfte sahen wohlhabend aus. Neben jeder Wohnung gab es normalerweise einen Hain mit Kochbananen und Bananen. Letztere sind meist dünnhäutig und duftend, so klein wie zwei Finger und äußerst köstlich. Ein junges Paar pflanzt einen Bananenhain an, als es einen Haushalt betreibt, und hat danach sein ganzes Leben lang Bananen zur Hand.

An vielen Häusern sahen wir die kubanische Flagge auf der Spitze des Stabes wehen. „ *Cuba Libre* " liegt allen Landbewohnern am Herzen. Ich erzählte einem kubanischen Mitreisenden, dass auch ich als erster in meinem Staat diese Flagge gehisst hätte, und er behandelte mich danach wie einen Bruder. Ich hatte sein Herz berührt. Wir kamen an einem tiefen, breiten Bach vorbei, der mit klarer Flut dahinströmte. Es ist der Überfluss der wunderbaren Quelle, die Havanna mit Wasser versorgt. Es bricht aus der Erde ein ausgewachsener Fluss hervor. Havanna hat es aufgestaut, im Zaum gehalten, und durch riesige Rohre trägt es seine reichliche und klare Flut in seine Straßen und Häuser und versorgt die Menge mit frischem, süßem und reinem Wasser. Ein paar Meilen weiter sahen wir, wie ein weiterer Fluss plötzlich in die Eingeweide der Erde stürzte. Voll und randvoll fließt es dahin und verschwindet dann auf einmal für immer in einem geheimnisvollen Loch. Die Spanier haben hier eine Kapelle errichtet und ein großes Kreuz aufgestellt, denn muss diese verschlingende Höhle nicht eines der Tore zur Hölle sein? Und was wäre sicherer als ein Haus Gottes, um den Teufel abzuschrecken!

Wir befinden uns jetzt mitten in einigen der schönsten Tabakanbaugebiete der Welt. Dieser Teil Kubas liegt auf einem Korallenriff. Der Kalk der Koralle ist hier in den Boden eingedrungen. Rot und schokoladenbraun und braunschwarz, der Boden enthält genau die chemischen Inhaltsstoffe, die Tabak braucht. Nirgendwo wurde bisher ein vergleichbares Land gefunden, und kein anderer Tabak wächst mit der gleichen duftenden Blattqualität. Die ganze Welt will diesen kubanischen Tabak. Dadurch produziert und verkauft die französische Regierung Zigarren und Zigaretten und erzielt große Einnahmen. Die Deutschen wollen auch die kubanischen Tabakanbaugebiete, und der unternehmungslustige Amerikaner will früher oder später seinen Anteil daran haben. Wie würdest du dich fühlen, mein

rauchender Bruder, wenn du eine köstliche Havanna-Zigarre genießen, sie
zwischen deinen Lippen rollen und den Duft ihres Rauches einatmen
könntest, und das alles zum Preis von drei Cent oder vielleicht einem Nickel?
Die Amerikaner erwerben in aller Stille eine möglichst große Fläche der
Tabakanbaugebiete Kubas. Diese Ländereien werden hauptsächlich von
kleinen Bauernhöfen mit einer Fläche von vier bis fünf Hektar
bewirtschaftet, die jeweils von einer einzigen Familie bewirtschaftet werden,
die ihre ganze Aufmerksamkeit dem Pflanzen der Samen, der Aufzucht der
Ernte, dem Trocknen der Blätter und sogar der endgültigen Herstellung
widmen der fertigen Zigarre. Sie verkaufen die Zigarren vor ihrer Haustür
oder bringen sie in die Stadt und verkaufen sie an die Händler, die sie dann
kaufen, mit eigenen Etiketten versehen und auf den Markt bringen.
Nirgendwo in den Vereinigten Staaten wird die Natur zulassen, dass ein
Tabakblatt an der Pflanze bleibt, bis es vollständig reif ist; Die Angst vor
Frost ist zu groß . Aber in Kuba hängt das Blatt am Stiel in der Sonne, bis es
den Reifegrad erreicht hat, der den vollkommensten Ton und Geschmack
gewährleistet. Daher kann es keinen anderen Tabak geben, der so gut ist wie
der aus Kuba, denn nirgendwo auf der Welt wird behauptet, dass sich Boden,
Klima und menschliches Können so treffend und vollständig vereinen, um
das Produkt perfekt zu machen. Es gibt drei Inseln im Meer, deren Boden
reichhaltiger und fruchtbarer ist als alle anderen Länder. die Insel Java, im
Besitz der Niederländer; die Insel Luzon, Häuptling der Philippinen, und die
Insel Kuba. Und bei diesem einen Produkt soll Kuba sie alle übertreffen.

ENTLANG DER MILITÄRSTRAßE EIN CEIBA-BAUM

Wir verließen den Zug in Guanajay – einst eine bedeutende Tabakstadt, dann vom Krieg verwüstet und verwüstet, niedergebrannt und verwüstet und nun wieder lebendig und lebendig. Hier nahmen wir eine offene Kutsche und fuhren in Richtung Mariel, auf einer noblen Straße, die ziemlich sechzig Fuß breit war und ganz mit Schotter und Graben bedeckt war – eine spanische Militärstraße, die einst von riesigen und schattenspendenden Bäumen gesäumt und beschattet wurde; Aufgrund des Krieges ist diese prächtige Grenze nun nicht mehr vorhanden. Die spanischen Soldaten machten sie nieder, damit sich nicht hier und da ein Aufständischer versteckte. Die Straße schlängelte sich über eine Reihe niedriger Hügel und führte dann zum Meer hinab. Entlang des Bergrückens waren in regelmäßigen Abständen noch die „Blockhäuser" der westspanischen Trocha zu sehen. Mein Freund, Kapitän Reno, war neben mir Offizier der Aufständischenarmee. Als amerikanischer Freiwilliger, dessen Blut voller roter Blutkörperchen war, diente er während des gesamten revolutionären Kampfes und kämpfte nur aus Freude am Krieg gegen die Spanier. Er durchquerte diese Trocha mit Gomez bei seinem berühmten Raubzug. Die spanischen Soldaten versteckten sich in ihren

Häusern und schossen aus ihren Schießscharten. Doch Gomez und Reno rissen die Absperrungen nieder, ritten durch und wagten sich in die Vororte von Havanna vor. Die herrliche Straße schlängelt sich allmählich in Richtung der Bucht von Mariel. Auf unserem Weg kamen wir an einer neuen Eisenbahnstrecke vorbei, die von den Amerikanern gebaut wurde, zurück zu einem asphaltierten See; Mariel wird ihr Hafen sein, die Bucht ihr Hafen.

Links neben uns lag eine weitere amerikanische Kolonie – eine Gruppe westlicher Menschen, die nach Kuba gekommen waren, um dort zu bleiben. Die Bucht von Mariel ist neben der von Havanna der schönste Hafen an der Westküste. An seinem Eingang, hoch oben auf einem Riff, liegt das spanische Kriegsschiff *Alfonso XII*, das von amerikanischen Marinegeschützen über die Felsen getrieben wird. Entlang der Küste dieser wunderschönen Bucht soll der Newport von Kuba entstehen. Nirgends gibt es so gut geschützte Gewässer, nirgends gibt es ein so malerisches Panorama. Hier sieht man Palmen, Königs-, Kokos- und Dattelpalmen, Zuckerrohrfelder und Bananen-, Orangen- und Granatapfelhaine und dann weit draußen das schäumende, unruhige Meer. An der Ecke einer schattigen Straße, ganz in der Nähe des blauen Wassers der Bucht, hielten wir an einem bescheidenen, ungestrichenen Haus. Darin trafen wir eine Frau mit klaren Augen und einem süßen Gesicht – eine Dame aus North Carolina, eine Miss Edwards, die nach Kuba kam, nachdem die Teufel von Weyler ihr trauriges Chaos angerichtet hatten, und eine kleine Gruppe hungernder Mädchen zusammenbrachte. und hier hat ihnen ein Zuhause gegeben – vierzig oder mehr von ihnen. Sie bittet nicht um Hilfe von außen. Sie gibt ihr eigenes kleines Vermögen aus. Die Menschen in der Stadt verstehen mit ihrem spanischen Mitleidsgefühl nicht, warum sie so etwas Seltsames tun sollte, nämlich die schmutzigen Nachkommen sterbender und toter Vagabunden aufzusammeln und sich um sie zu kümmern. Man soll so einen Wurf lieber sterben lassen, heißt es. Sie erzählte uns, dass sie viel allein war und dass die guten Leute von Mariel sie dennoch mit Misstrauen behandelten. Wenn sie eine Regierungsbeamtin wäre, könnten sie es verstehen, aber sie können nicht verstehen, wie oder warum sich jemand so sehr um Waisen und Streuner kümmern sollte, alles um der Menschlichkeit unseres Herrn willen.

Wir verbrachten die Nacht in Guanajay in einem alten spanischen Gasthaus, das teilweise aufgrund der Zeit, größtenteils aufgrund des Krieges stark heruntergekommen war. Wir aßen unser Abendessen in einem geräumigen, hohen Zimmer an einem langen Tisch. Die Gruppe bestand hauptsächlich aus Tabakpflanzern und ein oder zwei kubanischen Trommlern, während direkt vor uns ein spanischer Marquis und seine Frau mit ihrer englischen Gouvernante für die Kinder saßen. Sie besuchten Kuba, um die Zuckerplantagen ihrer Vorfahren zu besichtigen, und kamen erst eine Woche zuvor aus Spanien an. Sie behandelten die Gesellschaft mit hochmütiger

Gleichgültigkeit und ignorierten das arme englische Mädchen, als stünde sie gesellschaftlich völlig außerhalb ihrer Sphäre. Sie bedienten sich und unterhielten sich mit den Kindern, während die Gouvernante für sich selbst etwas besorgte oder darauf verzichtete. Es erinnerte mich an jene mittelalterlichen Zeiten, von denen man liest, als der im Schloss des Herrn ansässige Geistliche an einem Tisch im Dienersaal saß. Wir achteten darauf, dass das englische Mädchen jede Aufmerksamkeit erhielt, und der Marquis starrte uns wütend an, als wir der Gouvernante und nicht seiner Frau ein Gericht reichten. Als das Essen beendet war, stolzierten die beiden stolz aus dem Speisesaal und überließen es der Gouvernante, uns als Gegenleistung für unsere ausgeprägten Höflichkeiten zuzulächeln und einen Moment lang glücklich zu sein, vielleicht zum ersten Mal seit vielen Monaten.

DIE BUCHT VON MARIEL

Am Abend besuchten wir die große Reformschule für Jungen, die von den Militärbehörden unserer Regierung zur Betreuung von Waisen eingerichtet wurde, denen die grausame Reconcentrado- *Politik* von Weyler ihre Familie und Verwandten beraubte. Die Kinder machten einen wohlgenährten und zufriedenen Eindruck, und der höfliche Gouverneur, ein Major der Armee, versicherte uns, dass es ihnen gut ginge und sie lernten, dass sie wenig Ärger machten und dass es ihnen gut ginge, gute Männer und Bürger zu werden. In solchen Dingen, dem Heim für die kleinen Jungen in der Nähe von Matanzas, der Wohltätigkeit von Miss Edwards in Mariel, die sich um die mutterlosen kleinen Mädchen kümmert, und der Wohltätigkeit unserer Regierung, die so großzügig für diese Jungen sorgt, zeigt sich der Unterschied im Geiste der amerikanischen Zivilisation von der harten und gefühllosen Erbarmungslosigkeit Spaniens. Der Spanier und der Kubaner kümmern sich mit Zärtlichkeit um die ihren, aber sie blicken mit Gleichgültigkeit auf das Leid anderer und verstehen auch nicht, warum sie einen Finger rühren sollten, um jemandem außerhalb des engen Kreises ihrer eigenen Familie oder ihres sozialen Umfelds zu helfen.

Wir haben auch einen großen, hageren Mann mit sonnigem Gesicht angerufen, der als Missionar der Kongregationskirche sein Leben diesen Menschen widmet. Er stammt aus Massachusetts, ist ein gebildeter Mann, der fließend Spanisch predigt und dessen Arbeit bei der kubanischen Bevölkerung von Key West außerordentlichen Erfolg hatte. Er wurde nun nach Guanajay versetzt und hinterlässt bereits einen tiefen Eindruck in einer Gemeinde, die noch nie etwas anderes als einen gleichgültigen römischen Priester gekannt hat.

Die religiösen Bedingungen in Kuba seien eigenartig, wurde mir gesagt. Die Bischöfe und das Priestertum der römischen Kirche wurden seit jeher vom alten Spanien gestellt. Die schwarzen Schafe der Kirche haben hier Zuflucht gefunden. Diese Nichtsnutzen des Mutterlandes, die ihre Gehälter beziehen und sich im Exil Sorgen machen, haben sich wenig um das geistige Wohlergehen ihrer Herden gekümmert und weniger getan. Guanajay gilt als eine der spirituell am stärksten verdunkelten Gemeinden Kubas. Daher ist es nicht wenig verwunderlich, dass die aktiven, aufschlussreichen Methoden von Herrn Frazier von denen, denen er jetzt dient, zur Kenntnis genommen werden. Die Frauen suchen bei ihm Trost und Rat, die Kinder strömen in Scharen in seine Gesangsschule und die Sonntagsschule ist nachmittags voller alter und junger Leute, die nach den Stunden der Messe zu ihm kommen. Sogar der örtliche Pater selbst *findet* es Dieser seltsame Ketzer war ein so angenehmer Begleiter, dass er häufig vorbeikam, um eine Zigarre zu trinken und über die Zeit zu klatschen. Wenn die Amerikaner einen spirituellen Eindruck auf diese lateinkatholische Bevölkerung Kubas machen wollen, werden sie dies nur mit solch intelligenten persönlichen und sympathischen Methoden tun, wie sie hier angewandt werden. Bloß oberflächlicher protestantischer Kirchentum macht auf diese lateinisch-katholischen Völker keinen Eindruck.

in einem kleinen Restaurant auf der anderen Straßenseite eine Tasse Kaffee für unser *Desayuno und saßen um fünf Uhr wieder in den Autos und fuhren Richtung Havanna.*

Das Land, das wir uns angesehen haben, ist genauso schön wie die flachere, aber nicht fruchtbarere Region um Matanzas, und ich hatte das Gefühl, dass

die vielen Amerikaner, die wir überall trafen, alle auf der Suche nach Land
waren, das sie kaufen und bewohnen konnten, sind auf glücklicher Suche. Sie
betreten einen der wahren Gartenorte der Erde und viele meiner Landsleute
werden ihnen sicherlich folgen.

XXIV
Dampfer-Maskottchen

In diesen tropischen Ländern lernt man früh aufzustehen. Die Mittagssiesta *gibt* hier den Rest, den wir sonst in den frühen Morgenstunden in Anspruch nehmen. Ich habe mir die Gewohnheit leicht angeeignet. Im Bett zu liegen wird zur Belastung. Ich bewege mich von Zeit zu Zeit im Ausland, wie alle anderen auch. Und auch gegen Mittag bin ich schläfrig und neige eher dazu, ein Nickerchen zu machen, wenn die Hitze am stärksten ist. Ich erinnere mich, dass vor zwei Jahren, als ich aus Frankreich nach Hause kam, die einzige Kabine, die ich auf der *Wilhelm der Grosse bekommen konnte* , bereits teilweise von einem Herrn aus Mexiko belegt war. Ich bezweifelte, dass es angenehm wäre, mit einem Fremden zusammen zu sein, aber ich hatte keine Wahl, also machte ich das Beste daraus. Er hatte die obere Koje, ich schlief unten. Aber obwohl wir eine Woche auf dem Meer waren, habe ich ihn nie gesehen, und ich weiß heute nicht, wer er war. Ich schlief, bevor er zu Bett ging. Ich schlief noch, als er im Morgengrauen ohnmächtig wurde, um auf dem Deck auf und ab zu gehen. Er machte seine Mittagssiesta , wenn ich die Mittagssonne genoss oder mich auf meinem Seestuhl ausruhte. Dann wunderte ich mich über die hartnäckige Angewohnheit, die ihn aus einem bequemen Bett trieb, kurz bevor die Nacht zu Ende war. Jetzt verstehe ich seine Wege, und wenn ich morgen seewärts reisen würde, würde ich mit der Morgendämmerung aufstehen. Gestern Morgen war ich um vier Uhr aufgestanden und hatte mein *Desayuno* zu einer Stunde gemacht, wenn die Daheimgebliebenen im Schlaf versunken sind.

Das Wrack der Alfonso XII

Über Nacht ist ein großer Sturm aufgezogen. Ich habe versucht, mich im Hotel über das Wetter zu informieren, aber in Havanna sind keine Wetterberichte bekannt. Der spanische Angestellte im Hotel lächelte mich äußerst herablassend an, weil ich eine so dumme Frage gestellt hatte wie: „Kommt wahrscheinlich ein Sturm aus dem Norden oder Süden oder von irgendwoher? Und was für einen Tag werden wir morgen haben?" Er verneigte sich höflich, sprach mit höhnischem Unterton zu seinem spanischen Begleiter und sagte dann in gebrochenem Englisch zu mir: „Ich habe noch nie gehört, dass auch nur ein Amerikaner eine solche Frage stellt, *Señor*. Woher wissen wir, wie das Wetter wird? Gott macht das Wetter, *Señor*, nicht du oder ich." Und beide lächelten mich mit überheblicher Verachtung an. Sie hielten mich für einen Idioten. Nur ein Narr würde so tun, als würde er fragen, was die Vorsehung bereithält. So viel zum Wetteramt und dem noch mittelalterlichen Spanier!

Als wir ein paar Stunden später den Hafen verließen, warf eine große See riesige Brecher über die Stadtmauern von El Moro. Wir stürzten uns in die Wut eines Nordwinds, der sich als einer der wildesten Stürme des Mittwinters herausstellte. Wenn ich davon gewusst hätte, hätte ich die Abreise vielleicht um ein oder zwei Tage hinausgezögert, aber die Unwissenheit der Spanier schickte mich angesichts eines solchen Sturms in einem kleinen, schwerfälligen Boot hinaus, um die gefährlichen neunzig Meilen über die Meerenge zurückzulegen.

Nach meinem Frühstück hatte sich ein spanischer Diener des Hotels mit meinem Koffer die Treppen hinuntergeschleppt. Normalerweise hätten wir den neuen elektrischen Aufzug genommen, aber die amerikanische Firma, die ihn kürzlich installiert hatte, hatte ihre Experten zurückgerufen, und der Spanier, der an ihrer Stelle den Aufzug betreiben sollte, hatte die Maschine umgehend außer Betrieb gesetzt. Der Käfig hing jetzt fest auf halber Höhe des Schachts und wartete darauf, dass amerikanisches Geschick ihn in Bewegung setzte.

Eine der vielen *Cochas, die vor der Loggia* des Hotels standen, brachte mich bald zum Caballerio Pier, wo ich meine Koffer und Taschen mit den Zertifikaten der Gesundheitsbeamten des Hafens abstempeln und für die Reise nach Tampa durchchecken ließ . Und dann ging ich zu einem kleinen Vogelladen in der Calle Obispo und kümmerte mich um einen schlauen Papagei, den ich am Tag zuvor besorgt hatte – einen Vogel, der von der Isle of Pines mitgebracht wurde, mit grünem Körper, weißem Kopf und rosa Kehle . Sie heißt Marie und hat gestern lange und laut auf Spanisch mit mir gesprochen. Zusammen mit ihr habe ich auch ein Paar hübsche Turteltauben gekauft. Vielleicht darf ich Ihnen sagen, dass die Marie, mit der wir Florida erreichten, kein Spanisch sprechen konnte und dass sich die beiden hübschen Sittiche, statt liebevolle Gefährten zu sein, als zwei kämpfende Männchen herausstellten. Aber das alles erfuhr ich erst, als ich viele Meilen von der sanftäugigen *Señora entfernt war* , die sie mir in dem kleinen Laden in der Calle Obispo verkaufte.

„*Mascot*" genannt und auch so getauft, denn die heftigen Wellen stellten seine Seetüchtigkeit auf die Probe. Der Nordwind, der seine Wut an den Küsten von Yucatan ausbrach, erregte kein so wütendes Meer wie der, der die Strömungen der Floridastraße bekämpfte.

Die meisten unserer Passagiere waren Kubaner, die zur Arbeit in den Tabakfabriken in Key West unterwegs waren. Es war offenbar ihre erste Erfahrung mit dem Meer. Sie füllten die Vorderdecks, und fröhlich und lebhaft war ihre Gesellschaft, als sie ihren schreienden Freunden an Land ihre *Adios zuwinkten* . Das stürmische Wasser erwischte uns, bevor wir die

Bucht überhaupt verließen. Wir dampften tot in den Zähnen des Sturms hinaus, und das kleine Boot kippte, bis es fast auf der Kante stand, und rollte, als ob seine Dollborde jedes Mal überschwemmt würden. Unsere Kubaner verloren bald ihre Sprache und dann ihr Frühstück und waren schließlich nur noch von Angst erfüllt. Sie hatten sich kaum erholt, als wir am langen Pier von Key West festmachten, und erlangten ihre Fröhlichkeit erst wieder, als ihre Beine fest auf dem Land standen.

Key West verfügt über eine größere kubanisch-lateinamerikanische Bevölkerung als amerikanische Ureinwohner, und klangvolle spanische Sprache fällt mir häufiger ins Ohr als th-i-th-ing-sis-sing-Englisch; Dennoch sehe ich das Sternenbanner über mir schweben und fühle mich zu Hause.

Meine Reise durch Mexiko und Kuba ist zu Ende und ich kehre in die USA zurück. Jetzt erlebe ich erneut den gleichen Übergangsschock, der mich so bewegt hat, als ich vor ein paar Wochen den Rio Grande überquerte und nach Mexiko einreiste. Viele Tage lang habe ich die mächtige Hartnäckigkeit einer Zivilisation gesehen und gespürt, die älter ist als meine eigene; eine Zivilisation, die einst weltbeherrschend und immer noch hochmütig und selbstbewusst war, die arrogante Kriegsherren und unterwürfige Sklaven hervorbrachte, die die Wenigen verherrlichte und die Vielen unterdrückte, und die heute zwar applaudiert und die äußeren Gewänder der Demokratie annimmt, sie aber im Inneren bewahrt das Fleisch und Blut des despotischen Individualismus; eine Zivilisation, die jedoch durch die höchste Wertschätzung für alles gekennzeichnet ist, was die feineren Sinne anspricht, in der Pracht religiöser Rituale, in der Sinnlichkeit der Kunst und im Anmutigen und Verzierten in der Architektur; in der Musik und in der Belletristik.

Auf die meisterhafte Herrschaft von Diaz war ich vorbereitet, aber an die zahlreichen wohlgeordneten und gut gebauten mexikanischen Städte dachte ich nicht. Die Entdeckung, dass hier die Grundsätze des kommunalen Eigentums an öffentlichen Versorgungsbetrieben erfolgreich angewandt worden waren, Jahrhunderte bevor Chicago, San Francisco und New York über ihre Probleme diskutiert hatten, kam mir wie eine Offenbarung vor, und als ich die noblen Städte Mexikos, Toluca, erblickte , von Morelia, von San Louis Potosí, von Monterey und vielen anderen, die dreihundert Jahre lang ihrem Volk kostenloses Wasser und kostenlose Beleuchtung spendeten und im Laufe dieser Jahrhunderte mit gepflegten Parks geschmückt waren, in denen Blumen blühten, kunstvolle Springbrunnen flossen und Musik zu hören war gespielt wurde, zum freien Vergnügen sowohl des ärmsten Landsmanns als auch des millionenschweren Grandes, hätte ich gern darüber nachgedacht, ob der praktisch veranlagte, geldgierige Amerikaner nicht doch Unterricht bei seinem lateinamerikanischen Bruder aus dem Süden nehmen könnte.

Die Romantik der frühen Geschichte Mexikos, die Mühsal und der Triumph von Montezuma und Malinche, das heidnische Teocali und das christliche Kreuz regten meine Fantasie an und weckten mein Interesse auf höchstem Niveau, während die gegenwärtige Fortschrittlichkeit des mexikanischen Volkes, die Aufklärung seiner Führer, die Adligen, weckten Die Bemühungen, die sie unternommen hat und jetzt unternimmt, um mit dem Prozess des menschlichen Fortschritts Schritt zu halten, erregten mein Mitgefühl.

Ich staune immer wieder über die außergewöhnlichen geografischen und klimatischen Gaben, die die Natur diesem bevorzugten Land so großzügig geschenkt hat. ein Land, in dem jedes Klima von der Hitze Yucatans bis zur kühlen Luft Quebecs im Rahmen einer eintägigen Reise vereint ist; wo wimmelnde Tropen und fruchtbare Hochländer gleichermaßen ihre Fruchtbarkeit zum Nutzen des Menschen ausschütten; wo nur auf dem nordamerikanischen Kontinent die wohltuende Natur Bedingungen bot, die es der Menschheit ermöglichten, eine einheimische Zivilisation fortschreitender Art zu entwickeln; – auf diesen Hochebenen existierten gut gebaute Städte aus Stein und Mörtel, Jahrhunderte bevor Cortez und die Spanier sie betraten ihre Ufer; hier herrscht seit tausend Jahren in ununterbrochener Kontinuität erfolgreicher Ackerbau; hier werden seit unzähligen Jahrhunderten Edelmetalle gefördert und bearbeitet; Und auf diesen wohltuenden Hochebenen, mehr als eine Meile über dem Meer, unter den Schatten der schneebedeckten Sierras, hat der Mensch die höchste Energie der gemäßigten Zonen entwickelt und wird sie möglicherweise noch entwickeln.

Ich gestehe, dass ich trotz allgemeiner Kenntnisse dennoch nach Mexiko eingereist bin, ohne etwas über einen der großartigsten Teile der Welt zu wissen, und obwohl meine Einblicke in dieses großartige Land zwangsläufig begrenzt und unvollständig waren, habe ich doch genug davon gesehen Ihr mineralischer und landwirtschaftlicher Reichtum, die Solidität und der Komfort ihrer Städte, die Kraft und Intelligenz ihres Volkes, um mir zu versichern, dass die Republik Mexiko dazu bestimmt ist, kein kümmerlicher Faktor bei der Förderung des Fortschritts der Welt und darüber hinaus zu sein Zunahme des Reichtums und der Macht der Schwesterrepublik, in der ich lebe.

KEY WEST LIGHT, DAS SÜDLICHE ÄUSSERSTE DER VEREINIGTEN STAATEN

Auch mein flüchtiger Blick auf Kuba, die „Perle der Antillen", wie sie ist, hat mich nicht weniger erstaunt über die üppige Fruchtbarkeit, die es zu einem wahren Garten macht, und über den Charme seines Klimas, frei von allen Frösten, aber dennoch gemäßigt genug, um sie inmitten der kühlenden Brisen der alles umgebenden Meere zur Heimat weißer Rassen zu machen, die an ihren ursprünglichen Energien festhalten, obwohl sie sich in den Tropen befinden. Während ich mir das vorstelle, sehe ich, wie sie in nicht ferner Zukunft ihren stolzen Platz in der Galaxie der Staaten der großen Republik des Nordens einnimmt und mit den prächtigsten von ihnen an Opulenz und Macht konkurriert.